Karl Hoche, Toni Meissner
Bartel F. Sinhuber
DIE GROSSEN CLOWNS

Karl Hoche, Toni Meissner
Bartel F. Sinhuber

DIE GROSSEN CLOWNS

Athenäum

CIP-Kurztitelaufnahme der Deutschen Bibliothek

Hoche, Karl:
Die grossen Clowns / Karl Hoche ; Toni Meissner ;
Bartel F. Sinhuber. – Dt. Erstausg. –
Königstein/Ts. : Athenäum, 1982.
ISBN 3–7610–8237–1
NE: Meissner, Toni: ; Sinhuber, Bartel F.:

Deutsche Erstausgabe

Umschlaggestaltung: Bine Cordes, München
Umschlagfoto: W. Schmiedt, Bildagentur Mauritius, Mittenwald
Satz: Computersatz Bonn GmbH, Bonn
Druck und Bindung: Friedrich Pustet, Regensburg
Printed in Germany
ISBN 3-7610-8237-1

Inhalt

TONI MEISSNER
Die Formeln des Clowns 7

HEINO SEITLER
Die Entstehung der Clownsfigur 12

BARTEL F. SINHUBER
Der August von Direktor Renz: Tom Belling 25

KARL HOCHE
Ein Tropfen vom lebendigen Wasser des Lachens: Anatoli Durow 31

BARTEL F. SINHUBER
Ohrfeigen für den schwarzen August: Foottit und Chocolat 39

KARL HOCHE
Ein Jahrhundert Clownsgeschichte: Die „3 Fratellinis" 45

TONI MEISSNER
„Nit möööööglich!" Charles Adrian Wettach alias „Grock" 53

TONI MEISSNER
Variationen über das Scheitern: Charlie Rivel 64

Karl Hoche
Vom Chaplin-Imitator zum Volkskomiker: Karandasch 76

Toni Meissner
Geigenvirtuose und Superclown: Tino Zacchini 84

Toni Meissner
Verdienter Spaßmacher des Volkes: Oleg Popow 96

Bartel F. Sinhuber
Der poetische Narr von Ascona: Dimitri 104

Toni Meissner
Auf der Reise zum Regenbogen: Pic und Pello 112

Karl Hoche
Der anarchistische Knallfrosch: Jango Edwards 119

Bildnachweis 127

TONI MEISSNER

Die Formeln des Clowns

In Gregor von Rezzoris maghrebinischen Märchen „Der arbeitslose König“ gibt es eine Episode von schöner Sinnfälligkeit: Ein kleiner verfressener Herrscher, der fatal einem Konsumenten und Wohlstandsbürger dieser Zeit ähnelt, der „König Kunde“ gewissermaßen, verliert seine Krone in der Suppenschüssel und wird, seiner wichtigsten Insignie und damit seiner Würde verlustig gegangen, aus dem Palast gejagt. Aller Mittel und Privilegien bar macht er sich auf in die Welt, um sich eine neue Identität zu suchen.

Auf seinem langen Weg zu sich selbst kommt er zunächst durch einen völlig transparenten Wald, hinter dem eine Stadt liegt, die gläsern ist. In ihr leben kaum noch als Menschen erkennbare Wesen, die noch dazu aggressiv sind und dem entthronten Kleinen ans Leder wollen: Um ihre Welt wieder farbiger werden zu lassen, gieren sie nach seinem Blut. Und der Grund für die Farblosigkeit von Stadt, Wald und Menschen: Sie haben ein als Schädling und nutzlosen Fresser verdächtigtes Einhorn getötet, das – wie sich zu ihrem Entsetzen herausstellt – Dämonen im Zaum hielt, die sich von Farbe ernähren. Nach dem Tode des Einhorns aber wurde ihre Welt von den nicht mehr zu bändigenden Dämonen in ein durchsichtiges, langweiliges Einerlei verwandelt. Doch siehe, die Rettung ist nahe. Als schon das Messer gezückt und die Schlachtschüssel bereitgestellt ist, kommt geradewegs aus dem Lande der Phantasie ein farbenprächtiges Völkchen herbeigezogen –

Clowns, Artisten, Magier, Gaukler – und erlöst die transparente Gesellschaft von ihrem Übel ...
Wie man sieht, spielt Rezzoris Märchen hier und heute. Es spielt in einer Welt, die alles kann und alles weiß, in der alles durchsichtig, durchschaubar ist, in der sich aber nur noch technische, also erklärbare „Wunder" ereignen, der das Geheimnis, das Wunder, die Poesie und Magie verlorengegangen sind und die mithin an Langeweile wie an einer Krankheit leidet.
Dieser trostlosen Welt fehlen, man weiß es und man kann es überall lesen, nicht zuletzt die Clowns. Obwohl es sie natürlich noch gibt, stehen sie seit langem auf der Liste jener Wesen, die schutzwürdig und pflegebedürftig sind. Gottlob sind sie noch nicht endgültig ausgestorben, denn so lange es noch einen Oleg Popow gibt, solange Charlie Rivel noch lebt und Charlie Chaplin oder Grock unvergessen sind, besteht noch Hoffnung, ist der Clown noch nicht wirklich tot.
Sagen wir also besser: *Opas* Clown ist tot, präzisieren wir: die großen Zeiten des Clowns sind vorbei, die großen Clowns sind tot, die jungen sind nicht oder besser: noch nicht groß. Auch hier, besonders hier herrscht Nachwuchsmangel wie überall. Warum? Weil die Chancen offenbar nicht mehr sehr groß sind. Warum sind sie nicht mehr groß?
Zunächst einmal, weil ihre Bühne, Circusmanege und Varieté, gegen den multimedialen Dauercircus keine große Chance mehr hat und deshalb kaum noch eine Existenzgrundlage bietet. Außerdem könnte man vermuten: Weil die Formeln, die dem Clown, die seinem Prinzip zugrunde liegen, nicht mehr gültig sind. Oder wir sie nicht mehr verstehen.
Es könnte auch sein, daß unsere Reizsysteme, die auf Komik reagieren, so hoffnungslos abgestumpft sind, daß der klassische Spaßmacher, der Hanswurst, der dumme August, trotz dröhnender Stimme einfach nicht mehr laut genug Hallo ruft.
Überhaupt könnte man sagen: das Leben ist ohnehin clownesker geworden. Das riesig karierte Jacket des Clowns trägt heute schon jeder bessere Conférencier, und das clowneske Spektakel, das die professionellen Entertainer, die Rocksänger und Popgruppen aufführen, bietet das Groteske inklusive. Das Prinzip des Übersteigerten, des Maßlosen, des grotesk Übertreibenden ist ein permamenter Aspekt modernen Lebens. Der Clown hat entsprechend weniger Chancen ...
Doch das sind Äußerlichkeiten. Wie steht es mit dem Prinzip, mit der Rolle, mit den Formeln?

Seit der Clown auf englischen Bühnen zur Welt kam – geboren wurde er zu Beginn des 16. Jahrhunderts –, seit er bei Shakespeare Charakter zeigte und ihn später wieder verlor, verkörpert er das Irrationale in der menschlichen Natur, die Primitivseele, das Es. Jene rebellische Instanz, die die Ordnung nicht mag, den Geist, der stets (oder oft) verneint, der Lust am Kaputtmachen hat, den Trieb, den Widerpart des Über–Ichs. Und wenn hier plötzlich Begriffe aus der psychoanalytischen Strukturtheorie Freuds auftauchen, dann nicht vorn ungefähr. Denn das klassische Personal der Clown-Nummer besteht aus drei Personen, die man zwanglos den drei Freudschen Strukturen zuordnen kann:
Der dumme August, der Tölpel, der so wenig Hemmungen hat, verkörpert unser Es, die Triebsphäre. Sein pfiffiger Partner, den die Italiener den „weißen Clown" nennen, ist quasi das für Kompromisse zuständige „aktuelle" oder „empirische Ich". Der Sprechstallmeister schließlich, die überlegene Person, der Vorgesetzte, spielt gleichsam die Rolle des Über-Ichs, das die Anweisungen gibt, die Forderungen stellt. Wer wen hereinlegt, die Grundfrage jeder Clown–Nummer, ist auch das ewige Problem der menschlichen Seele, der tägliche Kampf zwischen Trieb und Vernunft. Der dumme August, das Es, zieht dabei meist den kürzeren. Man ist ja schließlich zivilisiert, man weiß doch, was sich gehört ...
Federico Fellini, der geniale italienische Regisseur, nennt den Streit zwischen dem weißen Clown und dem dummen August den „Kampf zwischen dem herrlichen Kult der Vernunft" und der „Freiheit des Triebes". Fellini sieht in den beiden Typen des Clowns die beiden Antagonisten des Lebens:
„Der weiße Clown und der August – sie sind Lehrer und Kind, Mutter und Gassenbub, man kann auch sagen: der Engel mit dem feurigen Schwert und der Sünder. Es sind die beiden Haltungen der Menschen, der Drang nach oben und der Drang nach unten, getrennt, separiert. Mein Film ‚Der Clown' endet so: Die beiden Figuren begegnen sich und gehen miteinander weg. Warum rührt uns eine solche Situation? Weil diese beiden einen Mythos verkörpern, der im Grunde von uns allen ist: die Versöhnung der Gegensätze, die Einheit des Seins. Was im steten Krieg zwischen dem weißen Clown und dem August schmerzt ... ist unsere Unfähigkeit, die beiden zu versöhnen. Je mehr du den August nötigen willst, die Geige zu spielen, desto schrillere Trompetentöne läßt er hören. Der weiße Clown verlangt, daß der August elegant sei, der aber wird um so verlumpter und unbeholfener

... Der weiße Clown erschreckt die Kinder, weil er die Pflicht oder (mit einem Modewort) die Repression verkörpert. Das Kind hingegen identifiziert sich sogleich mit dem August, der mißhandelt wird, der das Geschirr zerchlägt, der einem die Wasserkübel ins Gesicht leert. Alles, was die Kinder machen wollen und was die verschiedenen weißen Clowns, die Mutter, die Tante verhindern – im Zirkus kann das Kind sich vorstellen, daß es alles Verbotene tut: sich als Frau anziehen, Grimassen schneiden, auf der Straße brüllen, laut sagen, was man denkt. Und hier wird noch dazu applaudiert ..."

All das heißt aber auch: Die Formeln des Clowns stimmen noch und werden ewig stimmen, weil sie unser aller tägliches Seelendrama bedeuten. Nicht zuletzt deshalb wurde dem Clown auch in den totalitärsten Staatssystemen niemals ein Härchen gekrümmt, deshalb hat der Narr – ein naher Verwandter des Clowns – selbst an Tyrannenthronen große Freiheiten.

In Moskau zum Beispiel gibt es sogar eine staatliche Circusschule, aus der ganze Generationen von Clowns – vor allem der berühmte Karandasch (Michail Rumjanzew) und Oleg Popow – hervorgingen.

Die berühmten Clowns der Vergangenheit waren allerdings mehr als nur Darsteller einer zeitlosen Rolle des Allgemeinmenschlichen. Stars wie der Schweizer Grock (bürgerlich Dr. h.c. Adrian Wettach), der berühmteste Musikalclown aller Zeiten („Nit möööglich"), oder der Spanier Charlie Rivel („Akrobat schööön") stellten sich selbst dar, spielten ihre eigene Fassung, ihre persönliche Auffassung vom ewigen Clown. Auch sie entfernten sich niemals zu weit vom Muster jenes rücksichtslosen, instinktiven, kindlichen Verhaltens, das die Formel des Clowns ist. Sie hatten nur mehr Nuancen, Zwischentöne, sie waren musikalischer (Grock!) oder artistischer und komischer (Rivel), hatten mehr Charakter als der Durchschnitt.

Da der Clown als archetypische Kunstfigur immer leben, immer gültig sein wird, da er aber als Akteur und vor allem als agierender Star ausstirbt, stellt sich die Frage: Was hat sich verändert, daß die Zuschauer nicht mehr in hypnotische Starre verfallen, wenn der dumme August und seine Genossen in viel zu weiten, viel zu drastisch karierten Hosen, in viel zu großen Schuhen hereingeschlapst kommen und in ihren viel zu deformierten Pappnasen bohren?

Es hat sich viel, zuviel verändert. Vor allem das Forum des Clowns, seine Heimat: der Circus. Er lebt von der Sensation, vom Unerhörten, Niegesehenen, vom Exorbitanten, vom Exotischen. Seit die Technik die Welt verkleinert und der Tourismus sich ihrer bemächtigt hat, wird

die Sensation, das Unerhörte, das Exotische auch noch vom Fernsehen allabendlich frei Haus geliefert.
Seit langem ist es mit der Magie des Circus zunehmend bergab gegangen. Vielleicht liegt das daran, daß der „Sensationspegel" so gewaltig gestiegen ist, daß die Reizschwelle des Menschen höher als je zuvor ist. Was, bitte, reißt uns noch vom Stuhl?
Man mache die Probe aufs Exempel und erzähle Kindern etwa von den Zacchinis, die über Generationen hinweg Clowns und Artisten waren:
Die Zacchinis erfanden einst „Das menschliche Projektil", eine Sensationsnummer, bei der sie sich hoch durch die Luft katapultierten. In ihrem Heimatort schossen sie sich gar über eine befahrene Straße, so daß Autofahrer bisweilen vor Schreck an einen Baum fuhren. Der Bürgermeister des Ortes ließ deshalb große Schilder anbringen, auf denen zu lesen war: „Wenn ihr einen fliegenden Menschen seht, erschreckt nicht. Es sind nur die Zacchinis, die üben."
Wie sollte das den Dauerfernseher von heute noch beeindrucken? Jeder Skiflieger macht größere Sprünge, und die Astronauten präsentieren den Flug frei durch den Weltraum ohne Netz, jenseits jeder Balance, als triumphierende Schwerkraft-Überwinder, die den artistischsten Clown, den kühnsten Artisten als kleine Hüpfer erscheinen lassen. Wo aber bleiben das Wunder, die Magie, die Poesie?
Der Clown ist tot, es lebe der Clown! Wir haben die Einhörner ausgerottet, wir wollen wenigstens die Clowns pflegen, damit sie kapriolenschlagend die Welt vor den Farbe fressenden Dämonen retten.

Heino Seitler

Die Entstehung der Clownsfigur

Die Neigung des Menschen zum Komischen reicht bis in die Anfangszeiten menschlicher Kultur zurück. Zumindest ist sie schon lange vor dem Auftauchen der dramatischen Spiele oder Tänze, also mit den ersten kulturellen Regungen in Erscheinung getreten. Das Komische als eine Errungenschaft verfeinerter Kultur anzusehen, ist sicher unrichtig; denn das Grotesk–Komische ist bereits in den Maskentänzen der wilden Völker vertreten. Neben den ersten schreckhaften Masken finden wir immer auch solche mit lachend verzerrten Zügen. Und wo bei den alten Völkern das Heroische – z. B. in der ältesten dramatischen Ausdrucksform, im Tanz – in Erscheinung trat, wurde es durch die konträre Form, durch das Lächerlichmachen, ergänzt, und die Geister, die bejahten, fanden sich mit den Geistern, die verneinten, zu gemeinsamem Spiel zusammen. Daß das Ernste im Spiel den Schritt zum Heroischen und das Heitere den zum Grotesk–Komischen machte, liegt wohl darin begründet, daß die Übertreibung zum Zweck des besseren Charakteristikums notwendig wurde. Und in der Übertreibung ist es nur ein Schritt zum Gegenteil: Verzerrte Lächerlichkeit wird leicht zum Schreckhaften und übertriebene Schreckhaftigkeit leicht zur Lächerlichkeit. Übersteigertes Pathos wirkt ebenso komisch wie übersteigerte Lustigkeit den Eindruck tragischen Narrentums auslösen kann. Das Schwert des heroischen Mimen verwandelt sich zur Pritsche des Narren.

Die Entstehung der Clownsfigur wird nur dann verständlich, wenn man sich mit der Geschichte der „lustigen Person“ überhaupt befaßt. Der Clown gehört ja schließlich zu der großen Gruppe der Komiker, die ihren Stammvater unter den Darstellern der griechischen Histrionen und der römischen Saturnalien haben. Seine Entstehung fällt mit der Einführung der „lustigen Person“ in die ältesten dramatischen Spiele des Altertums zusammen. Er ist aber auch verwandt mit allen grotesk-komischen Figuren, wie z. B. mit dem italienischen Arlecchino (Harlekin), dem spanischen Gracioso, dem Pierrot, dem Hanswurst usw., und trägt im wesentlichen die Kleidung dieser komischen Figuren, die vor allem auffällig und bunt sein muß, wie dies bei dem alten römischen Spaßmacher, dem Centunculus („Hundertfleck“), der Fall war. Sein Urahne ist aber jedenfalls der Maccus, der sogenannte „weiße Mimus“ (mimus albus), der in den Komödien der alten Griechen und Römer eine lustige Rolle spielte. Nach dem Vorbild dieses antiken Spaßmachers, der eine weiße Maske trug, schminken sich heute noch die Clowns das Gesicht weiß.
Die direkte Ableitung des modernen Clowns von den Figuren oder *einer* Figur der italienischen Stegreifkomödie, der Commedia dell'arte, ist nur insofern richtig, als diese Figuren zu seiner Entwicklung beigetragen haben. Eher wäre die direkte Ableitung des modernen Clowns von der Figur des mittelalterlichen englischen Clowns berechtigt, da er von diesem den Namen und einen Teil seines Kostüms übernommen hat. Die Bezeichnung „Clown“ für die „lustige Person“ in der Circusmanege hat sich erst um das Jahr 1850 eingebürgert. Früher hießen die Spaßmacher bei den Kunstreitergesellschaften „Komiker“, und der Name Clown ist auf alten Programmen nicht zu finden. Dies sei besonders erwähnt, weil man heute gerne annimmt, der Name Clown wäre seit seinem Auftauchen bei den circensischen Spielen gebräuchlich gewesen.
1777 heißt es von einem komischen Reiter, der in Wien bei der Kunstreitergesellschaft Hyam gastierte: „... abgerichtete Pferde zeigten ihre erstaunlichen Leistungen, während ein Schneider (!), ‚der von Brandfort zu Pferde nach London reitet, um Herrn Wilkes die Stimme zu geben‘, für Humor sorgte.“ Auf einem Anschlagzettel des Kunstreiters Hyam vom 20. und 23. 8. 1779 anläßlich eines Gastspiels in Braunschweig ist zu lesen: „Die Pferdeübungen werden durch einen lustigen Auftritt zwischen einem Schuster, (einem) Schneider und (einem) englischen Kurier beschlossen.“ 1791 kündet Hyam in seinem Wiener (aus Holz gebauten) Gebäude, das er seit 1786 „Royal Circuit“ nennt, an:

„Der berühmte lustige Bajazzo, der noch nie in dieser Hauptstadt sich zu zeigen die Ehre hatte, wird heute sich zum ersten Mal auf dem gespannten Seil zeigen." (Gustav Gugitz: „Der Kunstreiter Hyam und sein erster Wiener Zirkus")

Tristan Rémy weist in seinem ausgezeichneten Buch „Les Clowns" nach, daß 1817 in dem kleinen Büchlein „Le Cirque olympique" die Bezeichnung „Claune" (!) für den Akteur einer Reitparodie gebraucht wurde. Die Erwähnung, so heißt es bei Rémy, läßt uns dem Regierungsantritt dieses Königs der Piste beiwohnen, der sich in Gestalt eines *Bauers* in der klassisch gewordenen Reitparodie vorstellt. Claune, das ist der Name, heißt es weiter, den man dem Helden dieser Reitposse gegeben hat. Aber Claune ist vielleicht nur die phonetische Wiederherstellung eines Titels, der schon einer Manegen-Szene mit zwei Zwischenrednern gegeben wurde und: „Claude der Bauer", jedoch möglicherweise auch „Clown der Bauer" geheißen haben könnte. „Claune" – die Aussprache des englischen Wortes „Clown", das Bauer bedeutet und von „colon" kommt (Gustav Fréjaville in „Les Nouveaux Temps") – spukt also seit damals in der Welt der Kunstreiter herum; die allgemeine Verwendung des Wortes „Clown" für die Manegenkomiker erfolgte jedoch erst ungefähr vierzig Jahre später.

Der Clown ist nur seinem Namen nach englischen Ursprungs. Wie alle lustigen Figuren der alten nationalen Bühnen ihre Entstehung in den Mysterienspielen als erste Erscheinungsform der dramatischen Kunst im frühen Mittelalter haben, geht auch der Clown auf die altenglischen Mysterienspiele zurück. Und zwar sind seine Ahnen in den Darstellern der guten und bösen Seelen der Verstorbenen zu suchen. Die Schauspieler, die diese abgeschiedenen Seelen, also Tote, darzustellen hatten, schminkten ihr Gesicht mit weißer Farbe und trugen auf dem Kopf drei rote Haarbüschel, die die Flammen des Fegefeuers versinnbildlichen sollten. Das weiß geschminkte Gesicht hat der Clown bis auf den heutigen Tag beibehalten, und noch vor nicht allzulanger Zeit trugen die Clowns oft drei spitze, verschieden gefärbte Haarschöpfe, die dann durch die spitze weiße Zuckerhutmütze abgelöst wurden. Warum aber ausgerechnet die armen Seelen die Ahnen des Clowns sein sollten, ist auch leicht zu erklären; denn in den Spielen hatten sie ja mit den Teufeln, die die Seelen für die Hölle beanspruchen wollten, regelrechte Kämpfe auszuführen. Daß diese Raufhändel einer derben Komik nicht entbehrten, ist wohl selbstverständlich. Als eine weitere Entwicklungsstufe für die Clownfigur können dann die weltlichen englischen Festspiele, „Moralitäten" genannt, angesehen werden, die eine allegorische Figur des Lasters auf den Schauplatz brachten. „Das Laster“ trug ein langes, buntes Kleid und die Narrenpritsche in der Hand. Von dieser Figur zum Clown ist wohl nur ein kleiner Schritt. Die alten englischen Tragödien kennen den Clown als Akteur in demselben Maße wie etwa die italienischen Komödien den Harlekin. Zu Shakespeares Zeiten trat der Clown, wenn er schon im Trauerspiel keinen Platz hatte, als Solonummer am Ende des Stückes auf.

Der Clown hat sich jeglicher Modernisierung dadurch entzogen, daß er von der englischen Bühne einen Sprung in die Christmas–Pantomimes und später in die Circusmanege machte. Auf der Bühne ist er in seiner ursprünglichen Gestalt infolge der Verfeinerung in der heutigen Darstellung unmöglich geworden, im Circus, wo nicht der Schein des dramatischen „Spieles“, sondern die harte artistische „Arbeit“ dominiert, hat er noch seinen Platz.

Der *moderne* Circus-Clown ist jedoch ein Sammelbegriff. Er entstammt nicht rein den englischen Vorbildern, sondern ist ein Produkt jahrhundertelanger Entwicklung, die allen nationalen Einflüssen ihrer schöpferischen Vertreter willig gefolgt ist. So sind es vor allem außer den englischen noch französische, italienische und deutsche Einflüsse, die die Clownfigur in ihrer heutigen Form gestaltet haben. Nur um diese gegenseitige Beeinflussung zu bekräftigen, sei noch erwähnt, daß schon der Spaßmacher der römischen Spiele, der Centunculus, neben seinem bunten Kostüm ein geschorenes Haupt zeigte und barfuß auftrat. Dieses geschorene Haupt ist auch bei den komischen Figuren aller Zeiten und Länder immer wieder zu finden. Die eng am Kopf anliegende schwarze Kappe des Pierrots soll ja höchstwahrscheinlich auch die Kahlköpfigkeit vortäuschen, und viele Komiker und Clowns tragen auch heute noch eine „kahle Platte“ mit Vorliebe zur Hebung des komischen Eindrucks zur Schau. Und die absatzlosen Schuhe, die wie beim Barfußgehen einen komischen Gang hervorrufen, gehören zum eisernen Bestandteil aller dummen Auguste und vieler Komiker. Das englische Wort „Clown“ ist – wie schon erwähnt – gleichbedeutend mit „Bauer“, „Tölpel“ oder „Rüpel“. Die englischen Schriftsteller Shakespeare, Beaumont und Fletcher übernahmen die Figur des Clowns aus den historischen Schauspielen, die auf die Moralitäten folgten. Aus der Figur des Lasters in letzteren ist ein tölpischer Spaßvogel – der „Vice“ oder „Taugenichts“ – geworden, der sich schließlich in den historischen Schauspielen zum Clown, „Rüpel“ oder „Tölpel“ entwickelte. Dieser durfte sich in den ernsten Szenen die derbsten Possen erlauben.

Als später der Rüpel oder Clown aus der Tragödie ganz verdrängt wurde, trat er nur mehr in einem Nachspiel, „Jig“ genannt, auf. In diesen Nachspielen hatte der Clown die Aufgabe, burleske Tänze aufzuführen, komische Lieder zu singen und lustige Soloszenen zu spielen. „Jig“ war ein Quodlibet von Rede, Gesang und Tanz, bei dem der Clown sein Talent für groteske Komik, anzügliche Verse und Improvisationen entfalten konnte.

Seit Anfang des 19. Jahrhunderts wurde der Clown in der Pantomime, in der er die Stelle des Pierrots vertrat, beschäftigt. Besonders in den noch heute gespielten Christmas-Pantomimen hat er eine hervorragende Rolle. Sie werden alljährlich zur Weihnachtszeit in den Londoner Nationaltheatern „Drury Lane“ und „Covent Garden“ mit außergewöhnlicher Prachtentfaltung aufgeführt. Obwohl sie aus dem letzten Jahrzehnt des 17. Jahrhunderts stammen, erreichten sie ihre Vollendung erst unter dem berühmten, 1716 geborenen englischen Schauspielers David Garrick.

Die Christmas-Pantomimen begannen gewöhnlich mit einem Vorspiel, das ein Kindermärchen oder eine Volkssaga zum Thema hatte und mit der Verwandlung der Personen in den Harlekin, Clown, Pantalon oder die Colombine endete. Daran erst schloß sich die eigentliche, aus Verfolgungen, Verzauberungen und Verwandlungen bestehende Harlekinade an, von deren Pracht in vielen Schriften begeistert berichtet wird. In diesen Stücken wurden Tagesneuigkeiten behandelt, Minister und andere bekannte Personen des öffentlichen Lebens lächerlich gemacht und in krassen Karikaturen dargestellt. Aber auch die Kinder kamen nicht zu kurz; denn die Clowns sorgten für Spaß.

Die berühmtesten Christmas-Pantomimen-Clowns sind der aus Italien stammende Joe Grimaldi (1779–1837), der im Jahre 1828 im „Drury Lane“ das letztemal auftrat, und sein Schüler Tom Matthews (1805–1865), der von 1829 bis 1865 der beliebteste Clown in den Pantomimen der beiden Nationaltheatern war.

Joseph Grimaldi, „Old Joe“ genannt, trat schon in seinem dritten Lebensjahr als kleiner Harlekin im Theater Sadler’s Wells mit seinem Vater auf. Dieser war Tänzer, Harlekin und – Zahnarzt der Königin. Schon sein Großvater war in England als Tänzer, und zwar als „der Mann mit den Eisenfüßen“ bekannt. Joes Glanzzeit fällt in die Jahre 1810 bis 1820. Er bezog damals eine beispiellos hohe Gage und erfreute sich einer ungewöhnlichen Popularität. Zwanzigtausend Pfund, für die damalige Zeit eine ungeheure Summe, brachte er seinem Theater allein mit dem Zauberstück „Mutter Gans“ ein. Er war ein ausgezeichneter Schauspieler und ein Meister im Ausdenken grotesker Szenen. Er kam z. B. auf die Bühne mit einem Korb als Hut, einem Kohlblatt als Schleier, einem Pilz als Sonnenschirm und einem Eimer als Handtasche, und so mimte er mit Virtuosität eine Lady. Einen Elefanten stellte er sich aus Kisten, Tüchern, einem Regenschirm und kleinen Spiegeln her. Seine Lieder sang ihm ganz London nach. Am Unterkörper gelähmt, verbrachte er die letzten Jahre mit dem Schreiben seiner Memoiren, deren Erscheinen er aber leider nicht mehr erleben durfte. Sie wurden bekanntlich später von Charles Dickens unter dem Pseudonym Boz bearbeitet und herausgegeben. Für seine Beliebtheit spricht die Tatsache, daß er noch knapp vor seinem am 31. Mai erfolgten Tode eine Wohltätigkeitsvorstellung vor ausverkauftem Hause gab, bei der er infolge seiner Lähmung auf einem Stuhl sitzend seine Lieder singen mußte, die aber nichtsdestoweniger stürmisches Gelächter entfesselten.

Der englische Clown kam mit den Kunstreitergesellschaften, bei deren Vorführungen er sich einen Platz eroberte, auf den Kontinent und so auch nach Deutschland. Der erste war Billy Sauders, der 1785 im Astley-Circus in Paris auftrat. Englische Spaßmacher sind aber schon lange vorher in Deutschland nachzuweisen, so John Spencer, der erst am brandenburgischen Hof bedienstet war und dann nach seiner 1613 erfolgten Entlassung kreuz und quer durch Deutschland zog. Mit der Figur „Hans Stockfisch“ wurde er sehr populär. Im Jahre 1617 spielte er noch vor Kaiser Matthias in Dresden, von dem er eine Entlohnung von einhundert Gulden und ein kaiserliches Patent erhielt. Die englischen Clowns fanden zwei andere Komiker vor, den französischen Clown und den deutschen Pojatz. Letzterer entstand gegen Ende des 18. Jahrhunderts, als die herumziehenden Gaukler und vagabundierenden Künstler die Dörfer verließen und in die Städte kamen. Schon als diese Gaukler noch in den kleinen Städten und Dörfern spielten, hatten sie ihre, dem italienischen Theater entlehnte „lustige Figur“, den sogenannten Pagliaccio, in ihrem Repertoire, aus dem später der Name Bajazzo, beziehungweise im deutschsprachigen Raum sich die Bezeichnung Pojatz oder Pojatzl einbürgerte. Das Wort ist italienischer Herkunft und bedeutet „Strohsack“, weil die Kleidung dieses Spaßmachers ursprünglich aus dem weiß- und blaugewürfelten Bettzeug angefertigt wurde, das die Italiener für ihre Strohsäcke zu benutzen pflegten. Der italienische Einschlag beim deutschen Clown der damaligen Zeit ist also unverkennbar, auch wenn dieser oft die Bauerntracht des Hanswurst für sich in Anspruch nahm. Diese Vermischung ist am deutlichsten an den Hosenträgern zu erkennen, die dem bäuerlichen Kostüm entnommen wurden und oftmals bei der Kleidung des Pojatz zu finden sind.

Der zweite Komiker, den der englische Clown auf dem Kontinent als Konkurrenz hatte, war der französische „grotesque", der sich durch eine elegante Kostümierung auszeichnete. Statt der Clownmütze oder der mehrzackigen Schellenkappe trug er oft eine gepuderte oder feuerrote Perücke mit einem spitz in die Höhe gedrehten Stirnschopf. Das Kostüm des französischen Clowns – wenn es nicht lediglich aus einem gestickten oder Flittertrikot mit dem dazugehörigen Schulterkragen sowie dem an eine Badehose erinnernden Lendenschurz besteht – weist außer den Einflüssen der französischen auch solche der italienischen und spanischen Tracht auf.

Der Clown ist nicht nur Artist, er ist auch Schauspieler; er ist das Verbindungsglied zwischen Bühne und Manege. Ein guter Sprechclown hat den Schauspielern noch sein artistisches Können voraus.

Die lustigen Figuren der nationalen Bühnen pflegten stets das Stegreifspiel, wie es heute noch die Clowns und die dummen Auguste in ähnlicher Form in der Circusmanege aufführen. Die Clown-Entrées – wie diese kleinen Spiele in der Fachsprache heißen – sind ja, von rein artistischen Produktionen abgesehen, nichts anderes als Stegreifspiele, und gute Clowns verstehen es, ihre Vorführungen während des Spiels dem Geschmack des jeweiligen Publikums anzupassen. Lazzi nennen die Italiener alle Darbietungen, die von den Komikern in einer Szene aufgeführt werden, ohne daß sie mit der eigentlichen Handlung etwas zu tun haben. Dieses Extemporieren gehört ebenso zum guten Clowns-Entrée wie artistische Darbietungen, etwa Jonglieren, Akrobatik oder Musizieren.

Die Clowns müssen immer etwas Neues parat haben. Nicht in jedem Land ist es ihnen möglich, dieselben Szenen zum besten zu geben. Denn das Publikum ist überall anders. Jede Stadt hat ihre besonderen Zuschauer. Wien ist eine der schwierigsten Städte für Circus-Darbietungen, in Berlin hat man es dagegen schon bedeutend leichter, in Paris muß jeder Clown drei bis vier Clownnummern in einer Vorstellung bringen, um dem Publikumsgeschmack gerecht zu werden. Was in Wien gefällt, muß nicht auch in Berlin die Zuschauer zum Lachen bringen. Daher ist ein großes Programm notwendig, aus dem man das am geeignetsten Erscheinende jeweils auswählen kann. Die „3 Fratellinis" schleppten drei Tonnen Clowngepäck mit sich herum. Unzählige Koffer sind mit den unsinnigsten Gegenständen vollgestopft, und es

gehört große Routine dazu, um sich in diesem Durcheinander von Perücken, Bärten, Nasen, wattierten Bäuchen, riesigen Handschuhen, in diesem Chaos von Hutkrempen, stocklosen Schirmen, grotesken Musikinstrumenten, Schuhen, die an Entenfüße erinnern, kanonengroße Pistolen, Larven, Fischen und Hunden aus Pappe einigermaßen zurechtzufinden.
Neben dem Clown im traditionellen Flitterkostüm gibt es auch den dummen August im schlotternden, grotesk wirkenden Straßenanzug. Als bedeutendste Vertreter dieser Art gelten Joe Jackson, Emmett Kelly, Linon und die Auguste des Zacchini-Trios, das sich aus den drei Brüdern Amedeo, Pietro und Ferruccio zusammensetzt ...
Clowns werden auch nach ihrer Leistung oder ihrer Verwendung im Programm eingeteilt. So spricht man von Zwischenakt-Augusten, Teppichclowns, Reprisen- und Entréeclowns, Sprechclowns, Musikalclowns, Dressurclowns und Exzentrikclowns. Allerdings ist die Abgrenzung mitunter sehr schwer, denn ein Sprechclown kann gleichzeitig auch ein guter Springclown sein oder einige musikalische Darbietungen bringen und daher den Anspruch erheben, bei beiden Gruppen genannt zu werden.
Die Teppichclowns und Zwischenakt-Auguste, die ihre Kaskaden und Dummheiten in der Pause zwischen zwei Nummern ausführen, während die Geräte ab- oder aufgebaut und die Teppiche auf- oder zusammengerollt werden, gehören zur niedrigsten Kategorie der Narren von Beruf. Teppich-Clowns heißen sie deshalb, weil sie sich mit Vorliebe in den Teppich mit einrollen lassen.
Einer höheren Klasse zugeteilt ist der Reprisenclown, der mit dem Sprechstallmeister ulkige Gespräche führt, die meistens mit Ohrfeigen enden. Diese Gespräche werden in der Regel während der kurzen Pausen in einem Reitakt geführt, um den Reitern und Pferden Gelegenheit zu geben, ein wenig zu verschnaufen.
Die Entréeclowns, gewöhnlich drei an der Zahl, treten als selbständige Programmnummer auf und geben kleine Szenen zum besten, in denen sie sich gegenseitig zum Narren halten. Die Barbierszene, bei der sich die Auguste zur Schadenfreude des Publikums mit Seifenschaum beschmieren, und die Stierkampfparodie sind wohl die bekanntesten Entrées, die immer wieder belacht werden. Bei den Entréeclowns ist gewöhnlich der Mann mit dem Flitterkostüm und der weißen Zuckerhutmütze der Chef der Truppe.
Der Exzentrikclown stellt die höchste Stufe dar, die im Clownberuf erreicht werden kann. Er ist ein Artist, der seine musikalischen, akro-

batischen oder sonstigen artistischen Leistungen im Clownkostüm ausführt, wobei auf das komische Spiel der Hauptwert gelegt wird und das Clownkostüm nur Beiwerk ist. Er baut seine ganze Arbeit auf das Komische in Spiel und Mimik auf.
Zu den Exzentrikclowns zählen einige komische Jongleure wie beispielsweise der Däne Baggesen. Er war der „Mann, der die 100 000 Teller zerbricht". Nachdem er allerlei geschickte Ungeschicklichkeiten gezeigt hatte, erschien er mit einem großen Stoß Teller auf der Bühne, die er nach langem Herumbalancieren schließlich doch fallen ließ und die dann in tausend Scherben gingen. Als Vorbild diente ihm beim Spiel mit den Tellern der komische Jongleur Fallerini.
Am reinsten hat sich die schauspielerische Komik der „lustigen Figur" der Bühne bei den Entréeclowns erhalten. Sie sind tatsächlich noch Schauspieler in der Manege, die das Stegreifspiel pflegen. Geradezu klassische Vertreter ihrer Art sind die Fratellinis, die Rivels, die Zacchinis, Medinis und Grock. Schon zu Shakespeares Zeiten pflegten die Clowns erst einmal nur ihren Kopf dem Publikum zu zeigen, und dieses Hinausstrecken des Kopfes zwischen dem Vorhang wird heute noch häufig als Auftrittsbeginn angewandt. Auch Kleidungsspäße wie ein verkehrter Harnisch oder ein Riesenbarett waren bereits üblich. Sogar den Trick, sich einen wattierten Pferdekörper umzuschnallen und hierbei auf den eigenen Füßen zu gehen, kannte man schon zu Shakespeares Zeiten.
Zur Komik kommt noch artistisches Können hinzu. Wenn sich die dummen Auguste in der Manege herumbalgen, denkt das Publikum nicht, daß es einer monate- oder jahrelangen Übung bedarf, um so auf den Bauch fallen zu können, ohne sich dabei zu verletzen. Es gibt Clowns, die sich von zwei bis vier Meter hohen Leitern herunterfallen lassen, ohne sich das Genick zu brechen. Wie einfach sieht es auch aus, wenn der dumme August über seine eigenen Füße stolpert und in den Sand purzelt! Und wie schwer ist dies wirklich! Oder nehmen wir das berühmte Wasser-Entrée, bei dem sich die Auguste kübelweise Wasser über sich schütten, in die mächtigen Lachen fallen, die sich auf dem „Wasserteppich" bilden, der bei dieser Vorführung zur Verwendung kommt. Mag das Wasser auch angewärmt sein, ist es nicht eine recht unangenehme Angelegenheit? Dieses Wasser-Entrée wird dennoch täglich aufgeführt, gleich ob Sommer oder Winter. An manchen Tagen haben die Clowns das Vergnügen sogar zweimal.
Mit den vor Nässe am Körper klebenden Kleidern muß der Artist auf Leitern steigen, laufen, stürzen, lachen.

In den Pantomimen, die lange Zeit zum ständigen Programm des Circus gehörten, mußten die Clowns die Hauptrollen spielen. Hier konnte sich ihr schauspielerisches Talent erst richtig entfalten; sie hatten genügend Gelegenheit, ihre mimischen Fähigkeiten vorzuführen, und vielleicht findet man deshalb unter den alten Clowns häufiger sehr gute Mimiker als es heute der Fall ist. Sie spielten dermaßen gekonnt feurige und schüchterne Liebhaber, Maharadschas, Feldherren und Könige, daß sie einem Vergleich mit den Bühnenschauspielern standhielten. Bei solchen Aufführungen stellte zum Beispiel der Spring-Clown Carl Godlewski sein Können unter Beweis, das ihn schließlich befähigte, am Wiener Hofopern-Theater als Mimiker und Ballettmeister hervorragend zu wirken.
Die Pantomimen waren bekanntlich große Ausstattungsstücke mit einem Riesenaufwand an Personal, Kostümen und Aufmachung. Die des Circus Renz, Circus Busch, Circus Schumann usw. waren berühmt, alle möglichen Sujets dienten als Unterlagen zu einer solchen Pantomime, historische Themen wechselten mit Märchen, Sagen und Begebenheiten des Zeitgeschehens ab. Es waren richtige Manege-Schauspiele, deren Handlung mit den verschiedensten Überraschungen ausgeschmückt wurde. Die Manege gab Gelegenheit zu prachtvollen Umzügen, bei denen die im Circus vorhandenen exotischen Tiere Verwendung fanden, ein Umstand, den sich das Theater nicht leisten konnte. Auch das Circus-Ballett hatte an dem Erfolg großen Anteil.
Der Sprechclown legt – wie schon sein Name sagt – den größten Wert auf den Wortwitz. Nur in England hat der Sprechclown durchschlagenden Erfolg erreicht, denn das englische Publikum findet Gefallen daran, sich von Circusclowns eine viertelstündige Stegreifrede, die zumeist an politische Tagesereignisse anknüpft, anzuhören. Und nur in England darf der Clown es wagen, ernsthaft sentimental zu werden und seine Rede mit tiefsinnigen und süßlichen Sentenzen zu spicken; denn es hat sich bei ihm noch etwas von dem Narren aus Shakespeares Zeiten im Blut erhalten. Ein deutscher Sprechclown war Wilhelm Qualitz, der 1870 in Berlin als reicher Mann und Bierverleger starb. Er war „der letzte deutsche Pojatzl“, seine Derbheit in der Manege rief besonders in der Galerie dröhnendes Gelächter hervor. Ein russischer Sprechclown war Zasarenko, bekannt durch seine politischen Witze, die ihn wie die Durows zum Liebling des Volkes machten.
Unter den Musikalclowns ragte besonders Grock hervor, der sein Spiel mit einer feinen Mimik begleitete. Einmalige musikalische Leistungen in Zirkus und Varieté waren seine Soli auf dem Bandoneon und der

Miniaturgeige, unnachahmlich die nachdenklich und heiter stimmende Szene mit dem geschleuderten und endlich überraschend aufgefangenen Violinbogen oder das komische Gleichnis menschlicher Unbeholfenheit, wenn er versuchte, den schweren Konzertflügel an den Klavierstuhl heranzuschieben, statt umgekehrt. Früher spielten die Musikalclowns mit Vorliebe auf verkleideten Instrumenten. Sie rissen z. B. einem Stuhl das Bein aus und bliesen darauf wie auf einer Flöte, die ja tatsächlich im Stuhlbein verborgen war. Die unmöglichsten Gegenstände entpuppten sich als Musikinstrumente; selbstverständlich war dabei von einem virtuosen Spiel keine Rede, die Wirkung lag in der Überraschung, im Grotesk-Komischen, wie dies ebenso der Fall war, wenn der Clown sein Geigenspiel am Kopf balancierend oder auf einer freistehenden Leiter stehend vorführte. Neuerdings sind die Musikalclowns sehr erfindungsreich geworden, sie machen Musik mit abgestimmten Hämmern, die sie auf Pflastersteinen nach dem Takt aufschlagen („Vier Truzzi"), oder sie schleifen klingende Messer an einem Schleifstein. Auch Schellen, abgestimmte Wassergläser und Blechteller dienen zur Erzeugung von Musik. Bemerkenswert war der Musikalclown Jackmann, der im August-Kostüm vorzüglich Klavier spielte, sang und groteske Tänze aufführte.
Ferner sind die Dressurclowns zu nennen. Es gibt keine Tiere – angefangen vom Esel bis zu den Schweinen, Gänsen, Hunden und Katzen –, an denen die Clowns nicht ihre Dressur erprobt hätten. Bedeutende Dressurclowns waren Wladimir und Anatoli Durow, Ribo, Tom Belling junior und Gobert Belling und Jean Clermont. Clermonts Varieté-Nummer war wirkungsvoll in Szene gesetzt; er kam auf die Bühne mit einem kleinen, alten, wackeligen Karren, der nach Art der Jahrmarktskünstler von einem dürren Pferd gezogen wurde, packte seinen „Zögling" aus und brachte verblüffende Darbietungen. Bonetty-Pasztoor dressierte Mäuse, Ratten, Katzen, Kanarienvögel, Hühner, Füchse, Enten, Wölfe, Raben und Eichhörnchen. Loisset versuchte die Dressur sogar mit Störchen, Billy Hayden brachte schwarze Schweine in die Manege und Richards (eigentlich Eduard Erl) wurde durch seine dressierten Gänse berühmt.
Die ältesten Vertreter der Springclowns sind in England zu finden.Der Engländer Lipmann (1811–1892) gilt als einer der bedeutendsten Saltomortalespringer, den die Circusgeschichte kennt. Der Franzose Victor Chabre, genannt „l'éclair" („der Blitz"), war in der Zeit von 1841–1855 durch seine Doppelsaltomortale berühmt. Der Italiener Francesco Rossi (1844–1884) war einer der besten Springer seiner Zeit. Er verun-

glückte unter der Lokomotive des Extrazugs, der den Circus Wulff beförderte. Durch seine Springkünste wurde ferner der 1859 in Birmingham geborene Clown William Olschansky berühmt. Er gehörte zu den kühnsten Parterregymnastikern der Vergangenheit, seine Kaskaden waren bewunderungswürdig. Er sprang frei vom Boden auf und fiel hierauf, sich überstürzend, aus zwei Meter Höhe auf das Genick. Olschansky beherrschte auch das kreiselförmige Drehen auf dem Scheitel des Kopfes. Er fiel vorher wuchtig auf den Rücken, benutzte den Schwung, um sich auf den Kopf zu stellen und gab sich mit den frei in der Luft bewegten Armen und Beinen den Anstoß zu einer zwei– bis dreimaligen Drehung.

Eine Zeitlang genossen die Humsti–Bumsti große Beliebtheit – Clowns, die Meister in der Ungeschicklichkeit sind, die über alles stolpern und hundertmal platt auf den Bauch fallen. Die Humsti-Bumsti bauen aus Tischen und Stühlen Pyramiden, auf die sie klettern, um sich zu schaukeln und dann aus beträchtlicher Höhe herabzustürzen. Es ist wirklich erstaunlich, daß sich diese Künstler in dem Gewirr von Sesselbeinen nicht ernsthaft verletzten.

In einem Circusprogramm ist der Clown kaum zu entbehren. Die Pausen, während welcher die Manege geharkt wird oder Requisiten für die nächste Nummer aufgestellt werden, würden – wenn sie nicht mit den Darbietungen der Clowns ausgefüllt wären –, das Publikum langweilen. Eine „mit den Clowns ausgefüllte Pause“ ist keine Pause, und es entsteht durch sie der Eindruck eines ununterbrochenen Programms. Aber nicht nur deshalb allein ist der Clown vonnöten, auch die Verschnaufpausen für Artist und Pferd während der Reitvorführung hat er zu überbrücken. Tritt er als selbständige Nummer auf, dann ist er durch seinen Humor der notwendige harmonische Ausgleich im Rahmen des Gesamtprogramms. Vielleicht ist die Selbstaufopferung des Clowns, der „nur die Pausen ausfüllt“, der Grund, warum ihn viele Besucher als minderwertigen Artisten ansehen. Viele naive Besucher sind ganz erstaunt, daß es dieser „armselige Kerl“ wagen darf, die strahlende Kunstreiterin in so frecher und intimer Weise durch seine Späße zu belustigen. Dabei vergessen sie, daß die Leistungen des Clowns durch seine absichtlich gespielte Ungeschicklichkeit nicht ins rechte Licht gesetzt werden, und er ist auch nicht – wie vielfach angenommen wird – der schlechtestbezahlte Artist, sondern mitunter der bestbezahlte eines Programms.

Der Clown muß von jeder Sparte wenigstens etwas beherrschen. Er muß ebenso springen wie musizieren und reiten können, aber auch

Akrobat und redegewandt sein. Viele Artisten sprechen acht bis zehn Sprachen, allerdings beherrschen sie gewöhnlich keine davon perfekt. Sogar ihre Muttersprache ist nicht frei von Circus–Jargon, der jenen fremdländischen Beiklang enthält, der uns immer wieder in seinen Bann zieht.

In Auszügen übernommen aus: „Die lustige Person im Wandel der Zeit", hg. zum Festival der Clowns, Wiener Festwochen 1981.

Bartel F. Sinhuber

Der August von Direktor Renz: Tom Belling

Die Geschichte des Circus ist vor allem eine Folge von Circusgeschichten, in denen – je weiter man zurückgeht – sich Wahrheit und Legende immer bunter mischen. Die Artisten und Künstler, die dem Circus seine Ausstrahlung und Faszination gaben und geben, hatten nie die Neigung, sich und ihre Kunst für die Nachwelt zu dokumentieren. Sie lebten immer für die Gegenwart, für „ihr" Publikum. Und sie waren unstet wie die Zigeuner, Vaganten und Abenteurer, deren Wege sich nach ihrem Tode kaum noch zurückverfolgen lassen.

Ein solcher Vagant, Abenteurer, vielseitiger Artist und bedeutender Clown war Tom Belling. Kein Historiker des Circus oder des Komischen kann ihn unerwähnt lassen, schon gar nicht, wenn er sich unterfangen wollte, eine Geschichte der Clowns zu schreiben. Nicht, weil man belegen könnte, daß Tom Belling der größte Clown – oder doch einer der größten – seiner Zeit gewesen wäre, sondern weil ihm – weder belegbar noch widerlegbar – die Entstehung der Figur des dummen August zugeschrieben wird.

Wer war dieser Tom Belling, und wann lebte er? Tristan Rémy gibt sein Geburtsdatum mit dem 26. April 1843 und sein Todesdatum mit dem 6. März 1900 an. Der in der Regel zuverlässige Joseph Halperson („Das Buch vom Zirkus", 1926) nennt dagegen als Geburtsjahr 1834, ebenso das Artistenlexikon von 1895, das als Datum den 21. April 1834 verzeichnet.

Sicher ist, daß Tom Belling einer damals bekannten Circusfamilie, vermutlich amerikanischer Herkunft, entstammte. Sein Vater, der Kunstreiter Fred Belling, war zusammen mit Louis Götz Besitzer eines eigenen Circus, der um die Mitte des vorigen Jahrhunderts ganz Mitteleuropa bereiste. Hier trat der kleine Tommy erstmals auf, als Kunstreiter – genauer: er ritt Voltige, machte artistische und Turnübungen auf einem galloppierenden Pferd.
Tom Belling wurde, wie es damals nicht selten war, ein vielseitiger Artist: Kunstreiter und Akrobat, Seiltänzer und Schlangenmensch, Jongleur und Musikalclown. Aber das Publikum entdeckte schnell seine eigentliche Begabung, und so bot er bald alles, was er gelernt hatte und konnte, in komischer Übertreigung oder als Parodie an.
Die Bezeichnung „Clown“ war damals in Deutschland noch nicht üblich, und so wurde er, als er Mitte oder Ende der sechziger Jahre zum Circus Renz kam, dort als Komiker, Springer und Szenen-, speziell als Pas-de-deux-Reiter engagiert.
Seine Jugend dürfte recht unstet verlaufen sein. Mit dem Circus seines Vaters und später in anderen Engagements kam er viel herum, vor allem in Osteuropa. Er wechselte viel und war zwischendurch auch immer wieder ohne festes Engagement. Dann trat er auf Jahrmärkten und Dorfplätzen auf und lebte von der Hand in den Mund. Hatte er einmal viel Geld verdient, konnte er es leichten Herzens in einer Nacht verspielen und vertrinken.
Er reiste durch Deutschland, Belgien, Frankreich und Italien, tauchte auf dem Balkan, in Böhmen und Ungarn auf, reiste durch Rußland, den Kaukasus und Sibirien bis an die Grenze Chinas. Im Kaukasus, so erzählte man sich, verliebte er sich in die Tochter eines Circusdirektors und entführte sie. Damit hatte er aber auch das Engagement verloren. Mitten im Winter schlugen sich die beiden eine Weile ohne Geld und fremde Hilfe durch. Dann wurde das Mädchen krank und starb. Einige Zeit später tauchte er in St. Petersburg auf, wo ihm seine Schwester, die dort einen reichen Adeligen geheiratet hatte, wieder auf die Beine half. Sie führte ihn in die vornehme Gesellschaft und in die dortige Schauspieler- und Theaterwelt ein.
In St. Petersburg lernte er Miss Stafford, die gefeierte englische Primaballerina des Kaiserlichen Balletts kennen. Sie verliebte sich in ihn, wurde seine Frau und kehrte mit ihm in die Welt des Circus zurück.
Heimgekehrt nach Deutschland, ging er zum Circus Renz, wo er viele Jahre blieb und einer der beliebtesten und populärsten Clowns wurde.

Berühmt jedoch wurde er hier durch einen Zufall, der sich 1869 (oder wenige Jahre früher) ereignete. Viele sehen noch heute in diesem Zufall die Geburt der Gestalt des dummen August, die seitdem aus keinem Circus mehr wegzudenken ist.
Es gibt verschiedene Versionen dieser Geschichte. So wird behauptet, Direktor Renz habe den trinkfreudigen und immer zu Späßen aufgelegten Belling wegen eines groben Unfugs zu Garderobenarrest verurteilt. Da habe er sich eines Abends mit einer viel zu großen Stallmeisteruniform und Perücke verkleidet. In dieser Maskerade sei er vom allgewaltigen Direktor entdeckt worden, der darin sogleich die Möglichkeit eines wirkungsvollen Auftritts witterte und den Überraschten – so wie er war – in die Manege schickte, nicht ohne mit dem Krückstock (oder auch einem Fußtritt) nachgeholfen zu haben.
Seriöser und vielleicht mehr der Wahrheit entsprechend klingt ein anderer Bericht: Bei einem Gastspiel des Circus Renz in St. Petersburg fiel eines Abends der Stallmeister aus, und der Oberrequisiteur Machheine mußte in letzter Minute einspringen. Der krummbeinige Machheine war allerdings nicht gerade das, was man einen großen, attraktiven Mann nennen konnte. Überdies hatte er lange, struppige Locken. Da der schmucke Uniformfrack des Stallmeisters nicht zur Hand war, zog man ihm rasch einen viel zu großen, ramponierten Arbeitsfrack an, mit dem er dann in der Manege erschien, wo er die Reifen zu halten hatte und die Clowns allerlei Schabernack mit ihm trieben. Das Publikum amüsierte sich und brach vollends in Heiterkeit aus, als die Clowns Machheine veranlaßten, „versehentlich" in große Papierballons zu plumpsen. Das improvisierte Gaudium war perfekt, als der von seinem Komiker-Erfolg ernsthaft ergrimmte Machheine an den Clowns handgreifliche Rache nehmen wollte und sie bis in den Zuschauerraum verfolgte.
Direktor Renz war dagegen von der neuen „Nummer" sehr angetan und überredete anschließend den Oberrequisiteur gegen eine entsprechende Gage, die Szene in den nächsten Vorstellungen noch ein paarmal zu wiederholen.
Jahre später in Berlin – Machheine war inzwischen gestorben – erinnerte sich Renz dieser Episode und ließ Belling eine ähnliche Nummer erarbeiten, mit der dieser dann einen ungewöhnlichen Erfolg verbuchen sollte.
Belling trat auf in einem viel zu großen Stallmeister-Frack, mit struppiger Perücke, rot blinkender Nase und einem dumm-pfiffigen Gesicht. Er mußte allen im Wege stehen, überall Hand anlegen und

brachte doch nichts zustande. Dafür jedoch reklamierte er immer wieder stolz den Erfolg für sich. Triumphierend stolzierte er durch die Manege, die rechte Hand zwischen Hemdbrust und Frack eingeklemmt, mit der linken flach auf dem Rücken den Körper in Positur vorschiebend. Er war der aus dem Leben gegriffene Typ des eingebildeten Dümmlings. Die Berliner gröhlten vor Vergnügen. Und bei dieser Gelegenheit soll von der Galerie der Ausruf „Aujust! Dummer Aujust!" gekommen sein. Der Name blieb, und eine neue Clownsfigur war geschaffen worden.

Gegenüber dem klassischen Weißclown im bunten Flitterkostüm mit weißem Spitzhut und kreidebleich geschminktem Gesicht war der August die radikalste Modernisierung, die sich bald neben dem Weißclown als neuer Clowns-Typus durchsetzte; beide existierten nebeneinander und traten in Konkurrenz. So entstand bald das „Clowns-Entrée" als Drei-Personen-Nummer: Clown, August und Sprechstallmeister.

Eine solche Weiterentwicklung mag damals in der Luft gelegen haben und muß nicht unbedingt auf das Konto eines einzigen Clowns gehen. So soll bereits vor Belling der englische Clown Chladwick, 1838 geboren und viele Jahre bei Franconi engagiert, eine Art tollpatschigen Stallmeister kreiert haben. Ebenso der Engländer Widdicombe und der Clown James Guyon im Pariser Hippodrom, der in ähnlicher Maske dort als „Gogusse" auftrat, was wie eine Französisierung von August klingt und vermutlich erst zu einem späteren Zeitpunkt geschah. Immerhin erreichte keiner von ihnen die Wirkung und Popularität eines Tom Belling, dessen wirklicher Name vielleicht dem italienischen August zu seinem Namen verhalf. Dort heißt der dumme August nämlich „Tony l'imbecille" oder „Tony l'idiota".

Daß bei mehreren nahezu gleichzeitigen Versuchen, einen neuen, moderneren Clown zu schaffen, ausgerechnet die August-Figur Tom Bellings diesem Typus den Namen gab, erklärt man sich durch den anhaltenden Erfolg Bellings, der bald Deutschlands Grenzen überschritt. Das ist um so erstaunlicher, als es mehrere zeitgenössische Quellen gibt, die Belling nicht als geborenen Komiker und schon gar nicht als überragenden Clown beurteilen. Wie dem auch sei, die Figur des dummen August hatte er geschaffen, wie die Geschichte auch im einzelnen verlaufen sein möge – fest steht ohne Zweifel, daß er der mit Abstand populärste August seiner Zeit war.

Belling hatte Phantasie und Einfälle. So baute er die Figur des dummen August – Zufallsprodukt oder geplantes Experiment – bald weiter aus.

Zu der rotglühenden Nase kamen Sommersprossen und eine rote, strohige Perücke mit einem zerdrückten Hut. Alles an seinem Kostüm war entweder zu groß oder zu klein und in jedem Fall schäbig. Der ehemalige Stallmeister-Frack war nur noch in Ansätzen zu erkennen. Eine Vogelscheuche auf Urlaub.

August trat auf und stolperte über den Manegenrand oder auch über seine zu großen Schuhe, um hinzufallen. Als Versuchskaninchen der anderen war August willig, alles zu tun, was man ihm auftrug, und merkte gar nicht, daß er zuletzt immer alles falsch machte, ein bauernschlauer Tolpatsch, heiter und anrührend, Simplizissimus und Sancho Pansa, Papageno und Leporello auf Zettels niedrigstes Niveau gebracht.

Dabei verstand er, seine vielseitige artistische Ausbildung und Erfahrung einzusetzen. Gerühmt wurde etwa seine Schulreiter–Parodie, bei der er sein Pferd, das alles andere als ein Vollblut war, zur Belohnung jedesmal mit Salzstangen hinter sich herlockte. Er kannte das Publikum und wußte, was ankam. Gelegentlich spielte er den Eskamoteur (Taschenspieler) und Zauberkünstler. Lachstürme brachte ihm jedesmal sein berühmtes „Ahü"-Niesen ein, das er nicht nur in der Manege, sondern auch während des übrigen Programms unvermutet hoch oben von der Galerie ertönen ließ, geschickt eine Pause des Orchesters nutzend.

Doch Tom Belling hatte den Erfolg nicht für den ganzen Rest seines Lebens gepachtet. Nachdem er lange Jahre bei Renz so erfolgreich gearbeitet hatte, wechselte er erst zu Salamonsky, später zu Wulff und gründete 1889 einen eigenen Circus, mit dem er Südrußland und Rumänien bereiste. Doch bald mußte er den Circus wieder aufgeben.

Über seine letzten Lebensjahre ist wenig bekannt. Reich ist er gewiß nicht gestorben, denn es wird berichtet, daß er bis zuletzt hier und da in Varietés auftrat – nicht als Clown August, sondern als Taschenspieler und Trickkünstler.

Tom Belling stammte aus einer Circusfamilie, und auch seine Kinder blieben alle „beim Geschäft". Zum Teil traten sie bereits in Bellings eigenem Circus auf. „Die Töchter", so heißt es im Artistenlexikon von 1895, „arbeiten auf dem Schlappdraht, der Sohn Bellings, Gobert, macht Barebackact, ist Batoudespringer und Reprisenclown."

Auch die beiden weiteren Söhne Tom und Clemens waren „beim Geschäft" und machten sich später als Manegeclowns einen guten Namen. Am bekanntesten wurde Tom Belling jun., 1873 geboren und am 19. Oktober 1934 gestorben. Er war ein gefragter Weißclown und lieb-

te ausgefallene und kostbare Kostüme. Er arbeitete viel und gern mit Hunden, und eine seiner bekanntesten Nummer war jene mit „dem kleinsten Pferd der Welt", einem verkleideten und als Schulpferd dressierten Hund.
In späteren Jahren trat Tom Belling jun. auch mit einem geheimnisvollen dummen August auf, der ausschließlich stumm und pantomimisch agierte. Es war seine Frau Anna, in einem so perfekten Kostüm, daß niemand dahinter eine Frau vermutete – und das zu einer Zeit, als es zumindest in Deutschland noch keinen einzigen weiblichen Clown gab! (Sie sind auch heute noch sehr rar, denn offenbar ist Clown ein traditioneller Männerberuf.) Anna Belling starb viele Jahre nach ihrem Mann vergessen in Wien. Sie war vielleicht die letzte, die die authentische Geschichte über den Zufall von der Geburt des dummen August hätte erzählen können.

Karl Hoche

Ein Tropfen vom lebendigen Wasser des Lachens: Anatoli Durow

Anatoli Leonidowitsch Durow, der von sich selbst sagte, „ich bin der König der Narren, aber nicht der Narr der Könige“, kam im Jahre 1863 als Sproß eines alten Adelsgeschlechts in Moskau zur Welt. Sein Vater war ein hoher Polizeibeamter, aber nicht der Not gehorchend – er war wohlhabend –, sondern weil er „Gefallen am Polizeidienst“ fand, wie der Sohn später pikiert schrieb. Im übrigen erklärte er dessen in seinen Augen durchaus ehrenrührigen Job mit der „Eigenart seines Charakters“. Schon seine Großmutter Nadeschda sei als „Jungfer der Kavallerie Alexandrowa-Durowa“ sogar in die Literatur eingegangen. „Abenteuer in Militäruniform“ seien für seine Sippe halt nun mal nichts Außergewöhnliches.

Durow ist fünf Jahre alt, da stirbt seine Mutter. Der Vater verfällt daraufhin dem Alkohol und stirbt im Säuferwahn. Sein Pate Sacharow, ein schwerreicher Anwalt, der ein paar originelle Theaterstücke geschrieben hat, die in Moskau mit Erfolg aufgeführt worden waren, nimmt sich seiner an. Er steckt den zehnjährigen Anatoli in ein Internat. Nach zwei Jahren wirft ihn der Direktor wieder raus. Dem Paten zählt er ein langes Sündenregister auf. Kein Interesse und kein Talent für die wissenschaftlichen Fächer, statt dessen habe er Kopfstand geübt und dazu alle Hunde und Katzen mit seinen Dressuren verscheucht. Der Schönschreiblehrer verabschiedet ihn mit dem häufig wiederholten – und, wie Durow findet, nur mäßig witzigen – Spruch, „es wäre besser, wenn du deine Hände zum Schreiben und nicht zum Gehen gebrauchen würdest".

Durow kommt in eine Privatschule. Ein extra für ihn angestellter Nachhilfelehrer gibt bald völlig entnervt auf. Ihm imponiert es auch keinesfalls, daß der zottige Hofhund „Marka" den miserablen Schüler jeden Morgen in die Schule begleitet und jeden Nachmittag Punkt drei Uhr abholt, wobei er stolz die Schultasche mit den Büchern und Heften trägt. Der Lehrer Durow war offenbar ein weitaus größerer Erfolg als der Schüler.

Dieser rannte – das dürfte eiserner Bestandteil jeder Clowns-Biographie sein, und wird daher auch nicht ausgespart, man kennt ja die Zuschauer-, sprich: Leseerwartungen – in jeder freien Minute, was heißt da Minute, in jeder freien Sekunde in den Zirkus, um die Akrobaten zu bestaunen. In einem Schuppen richtet er sich einen Übungsraum mit Trapez und Seil ein und holt sich einen Artisten als Privatlehrer, dem er pro Stunde einen Rubel von seinem Taschengeld zahlt.

Der Pate erwischt ihn und denkt sich eine teuflische Strafe aus. Er schickt Durow für eine Woche zu seiner Großmutter ins Altersheim, das von baumstarken Portiers bewacht wird, die jedes Entkommen verhindern. Dort wäre er vor Langeweile beinahe gestorben, außerdem gibt es zu den Mahlzeiten immer nur Kartoffeln und Grützwurst.

Für zwei Rubel, ein Essen und freien Wodka verpflichtet er sich, einen Tag lang auf einem Volksfest unter freiem Himmel seine Kunststücke vorzuführen. Gegen Mittag taucht der Pate mit einem Polizisten auf und schleppt den Widerstrebenden ab. Die Strafe: zwei Wochen Altersheim.

Im Herbst 1880 reißt er aus. Ein Jahrmarktsbudenbesitzer hatte ihm für zwei Wochen Arbeit zwanzig Rubel versprochen. Die gute Patin wird in das Vorhaben eingeweiht, sie stattet ihn reichlich aus und erzählt ihrem Mann, daß Anatoli während dieser Zeit freiwillig seine Großmutter im Altersheim besucht.

Völlig abgebrannt kommt er bald wieder nach Hause. Die hungernden Kollegen haben das reiche Bürgersöhnchen ausgeraubt, Eisenbahner, denen er in der Kneipe seine Kunststücke vorgeführt hatte, haben ihn schwarz mit nach Moskau genommen. Der Pate nimmt ihn sofort wieder in sein Haus auf. Auch später kam solches noch gelegentlich vor, und der Pate zeigte jedesmal die nun schon bewährte Großmut.

Durow kann einige seriösere Engagements eingehen. Er erinnert sich an die Hunde und Katzen in der Schule und kauft für wenig Geld auf

1 Tom Belling sen. (1834 oder 1843 – 1900). Ihm wird die Erfindung der Gestalt des „dummen August“ um das Jahr 1869 zugeschrieben. Hier als Weißclown mit Menschengiraffe.

2 Gobert Belling, der Sohn Tom Bellings, der „Barebackact machte, Batoudespringer und Reprisenclown war".

3 Tom Belling jun. (1873 – 1934) arbeitete in der Manege gern mit Tieren.

4 Tom Belling jun. war ein gefragter Weißclown und liebte kostbar verzierte Kostüme, hier in seinem russischen Brokatkostüm.

6 Tom Belling jun. und „das kleinste Pferd der Welt“, ein verkleideter und als Schulpferd dressierter Hund.

◀ *5* Tom Belling jun. mit einem dressierten Hund.

7 Tom Belling jun. und Tony. Postkarte.

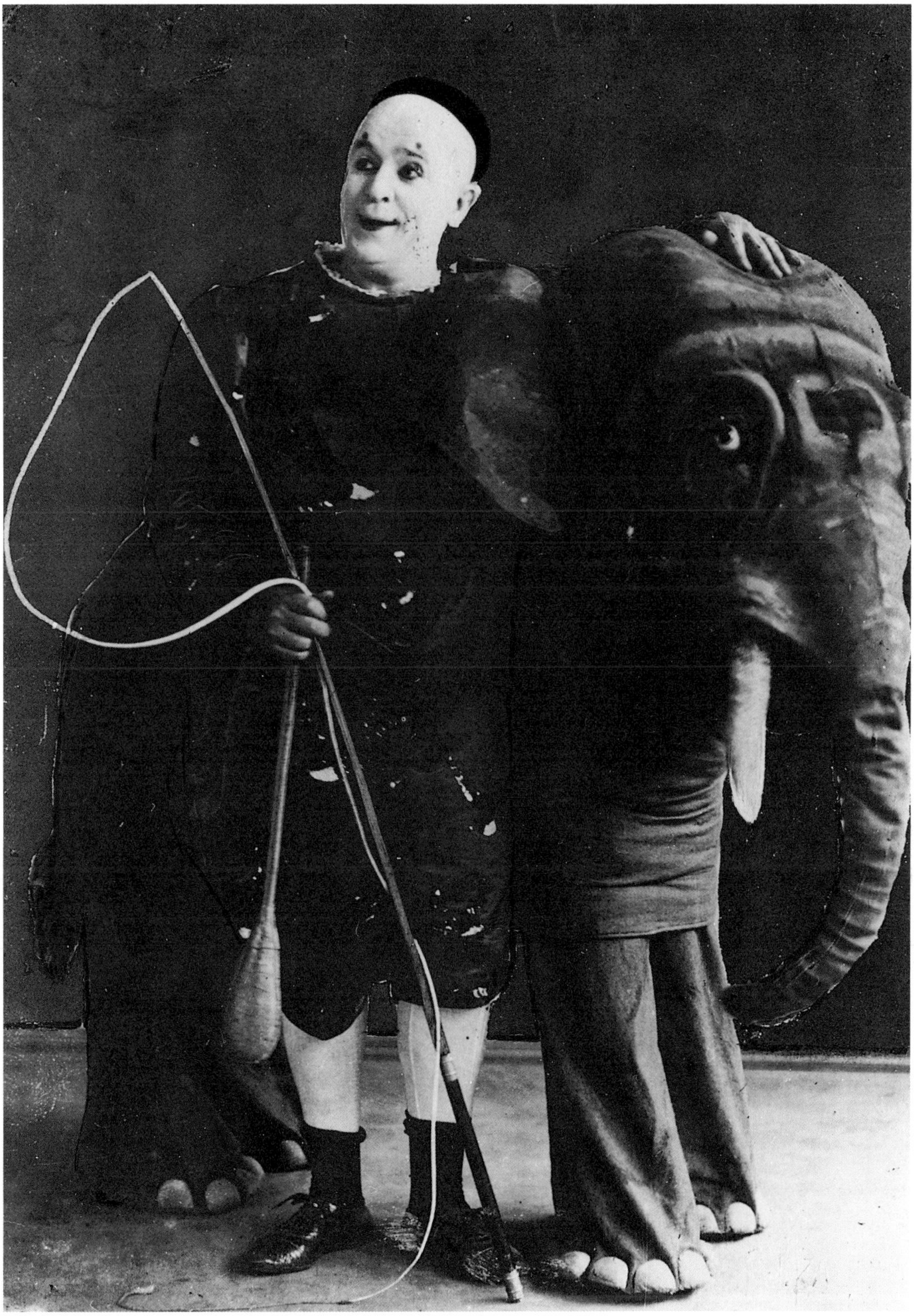

8 Tom Belling jun. und der Menschen-Elefant.

9 Tom Belling jun. und seine Frau Anna als weiblicher Clown. ▶

dem Markt ein Ferkel. Nach zwei Wochen hat er es soweit, daß es im Zirkus auftreten kann, der Erfolg ist riesig. Bald folgen ein Hund, ein Hammel und andere Tiere.

Dabei arbeitet er nicht mit Hunger und Peitsche, sondern mit Liebe und Einfühlungsvermögen. Er wußte beispielsweise, daß man die Tiere nicht beschummeln, das heißt, für einen Leckerbissen die gleiche Leistung Zwei- oder dreimal verlangen darf. Die Tiere wiederum belohnten solche Zuwendung, indem sie nicht wie bei den Konkurrenten zitternd in der Manege der Befehle harrten, sondern einen Frohsinn verbreiteten, der aus der Heiterkeit des Gemüts kommt. Es war fast schon Hegels „Freiheit als Einsicht in die Notwendigkeit".

Um so böser reagierten die Kollegen. Einer tat ihm einmal ungelöschten Kalk in die Schminke, und Durow mußte froh sein, daß die Haut nur wie die Hölle brannte, aber seine Augen heil blieben. Ein anderer wollte ihm – ausgerechnet in einer für ihn veranstalteten Benefizvorstellung – eine Nummer klauen und sie vorführen, bevor er selbst an der Reihe war. Die beiden stritten vor dem irritierten Publikum über das Recht an der Nummer, bis das Volk den Daumen senkte und den diebischen Kollegen in Schande aus dem Zelt jagte.

Esterina, die Tochter seines Direktors, war unsterblich verliebt in den englischen Jockei Orlando, wurde aber ihrerseits von dem Reiter Luigi angebetet, der für ein Spottgeld bei ihrem Vater arbeitete. Durow, der den Kummer nicht mehr mit ansehen konnte, arrangierte eine heimliche Hochzeit. Luigi nahm Gift, der Direktor schmiß Durow raus. Der irrte nun in Moskau mit seinen Tieren herum und suchte ein Zimmer. Die Vermieter sperrten sich. Auch der Hinweis, daß die Tiere „gebildet" und einen gewissen Komfort gewohnt seien, half wenig. Schließlich fand er eine miserable Absteige. Der Vermieter meinte nur, „hier wohnen eh' genug Schweine".

Um sich bei einem neuen Chef vorstellen zu können, nahm Durow die Vorhänge im Gästezimmer seines Paten ab und nähte sich daraus ein hochelegantes Kostüm. Der Pate war diesmal wirklich erbost, denn er konnte den Stoff nicht mehr auftreiben und mußte das ganze Zimmer neu ausstaffieren. Dennoch sorgte er sich weiterhin um seinen Schützling. Er brachte ihn sogar dazu, im Jahre 1885 die Lehrerprüfung abzulegen. Eine sehr lange Woche lang unterrichtete Durow, dann war er wieder beim Circus.

Auch der Pate hatte eine Schwäche, er spielte gern Karten. Eines schönen Tages verspielte er buchstäblich sein ganzes Vermögen, das Haus, einfach alles, was er hatte. Er kam nach Hause, schrieb auf ein Papier

fein säuberlich: „Nein, es ist nicht mehr zurückzugewinnen!“, zog seinen besten – nunmehr nur noch geliehenen – Frack an, legte sich auf das Leih–Sofa und vergiftete sich. Ein altrussisches Stimmungsbild. Das war der Mann, der sein ganzes Leben lang versucht hatte, Durow auf den Pfad eines bürgerlichen Lebenswandels zurückzubringen.
Hatte der gute Pate ihn mit Hilfe eines Polizisten vom Circus abzuhalten versucht, so wurde Durow später mit Polizeigewalt in den Circus geschleppt. Sein kleiner Sohn lag im Sterben. Der Direktor bestand auf Erfüllung des Vertrags, der Circus sei ausgebucht, das Publikum fange an, unruhig zu werden. Die Einwände halfen nichts. Die zwei mitgebrachten Polizisten warfen ihm einen Mantel über, stülpten ihm eine Mütze über den Schädel und schleppten ihn in die Arena. Dort machte er seine Späße, bei den Purzelbäumen verließ ihn die Kraft, und er blieb schluchzend liegen. Als er nach Hause kam, war das Kind tot. „Sohn eines Clowns!“ schrie er verzweifelt und zerfetzte sein Kostüm.
Im alten Rußland waren aber nicht nur die Artisten ihren Herren ausgeliefert, dies galt für das ganze Volk. Die damaligen Zustände machten aus Durow einen Satiriker. Ständig fochte er heftige Kämpfe mit der Zensur aus, die immer wieder ihre Machtmittel gegen seinen Witz ausspielte.
In der Manege erzählte er, daß er einmal mit einem Zensurbeamten zusammengestoßen sei. Dieser Polizeioffizier habe die Stirn gerunzelt, als Durow ihm sein Plakat zur Genehmigung vorgelegt habe. Da stand nämlich, daß „in Freiheit dressierte Schweine“ mit dabei seien. In dieser Ankündigung steckte ein Reizwort. „Sie werden das Wort ‚Freiheit‘ sofort herausnehmen!“ befahl der Zensor, „und durch irgend etwas anderes ersetzen!“
In einer anderen Stadt hatte der Zuständige Durow verboten, in der Manege zu sprechen. Daraufhin erschien er mit einem großen Vorhängeschloß vor dem Mund, führte seine Tiere herein und wieder hinaus. Das Publikum forderte das Programm. Durow kam nun mit einem Riesenplakat herein, auf dem stand: „Meine Stimme ist verhaftet. Ich bin nur befugt, Tiere zu zeigen. Nähere Einzelheiten erfahren Sie bei der Polizei!“
In einem Programm, das er zur Genehmigung vorlegte, stand unter anderem folgende Nummer. „Ein Schweinechor singt mehrere Lieder.“ Der Zensurbeamte hakte sofort mit der dieser Behörde eigenen hellwachen Intelligenz nach. „Und wo sind die Texte dieser Lieder?“

„Tut mir leid“, sagte Durow, „ich spreche nicht die Schweinesprache!“
In der Vorstellung sprach er dann für seine Schweine.

Hier mischte die Zensur sich ein
Und verbot, dies Lied zu singen.
Heute wagt nicht mal ein Schwein,
Ungenehmigt was zu bringen.

Der Stadthauptmann von Odessa, Admiral Seljony (seljony heißt auf deutsch „grün“), ein stadtbekanntes Ekel, sah Durow eines Tages im Erfrischungsraum des Circus sitzen und befahl ihm, sich zu erheben. Durow blieb sitzen. Der Admiral herrschte einen Beamten seiner Begleitung an, „sagen Sie diesem Dummkopf, daß ich Seljony bin“. Durow stand auf und sagte: „Offenbar mußt du erst einmal reif werden, bevor man sich mit dir unterhalten kann.“ Unnötig zu erwähnen, daß am Abend – gemäß dem Durowschen Prinzip: Das Schwein beschreibt das Bewußtsein – sein Schwein grün angemalt war.
Den ersten Weltkrieg konterte der Clown mit einem „Krieg der Tiere“, in welchem Ziegenböcke, Hammel, Gänse und Puter mit viel Getöse aufeinander losgingen. Dazu gab er folgenden Kommentar: „Alles verläuft wie geplant. Die Versorgungs-Einheiten klauen, die Generäle ergeben sich kampflos, und die armen Soldaten hungern und müssen für Gott, den Zaren und das Vaterland ins Gras beißen!“
Durow hat viele Geldbußen bezahlt, und er landete immer wieder einmal im Gefängnis:

Ihr Polizisten und Juristen,
Auch der Knast erschreckt mich nicht!
Stoße Herren und Statisten
Meine Wahrheit ins Gesicht!

Mit der reaktionären Zeitung „Graschdanin“ lag er in einem Dauerclinch, sie hatte gegen ihn eine richtige Kampagne entfesselt. Eines Abends hielt Durow seinem schlauesten Schwein eine Zeitung nach der anderen vor's Auge (wir sagen heute: er hinterfragte kritisch die Medienlandschaft) und sagte ihm, es solle die raussuchen, welche ihm am besten gefalle. Das Schwein zeigte sich desinteressiert. Nur die „Graschdanin“ packte es schließlich auf Anhieb. Der Jubel war groß.

Wie so oft, war der Trick ganz einfach. Durow hatte dieses Exemplar mit Schmalz eingerieben. Für die menschlichen Leser wäre das nicht notwendig gewesen, die reaktionären Blätter sind bekanntlich immer die schmalzigsten. Aber dem unverbildeten Geschmack eines Tieres muß da wohl der Dompteur ein bißchen nachhelfen.

Wie alle Satiriker war Durow ein Moralist, er wußte, die Antwort auf die Schweinezeitung kann nur eine bessere Volksbildung sein. Bitter beklagte er sich darüber, wie in seinem Rußland die Prioritäten gesetzt waren:

Windschiefe Bude, zerbrochene Scheiben,
Durch Türen und Fenster pfeift der Sturm.
Das nennt man Schulhaus im russischen Land.
Doch grüßt an der Straße ein niedliches Haus.
Lädt zum Hereinkommen freundlich dich ein.
So richtig gemütlich, „He, mir noch ein Gläschen!"
Das kann nur 'ne staatliche Schnapsbude sein!

Nicht nur Mächtige rieben sich an ihm, mancher wollte auch nur seinen eigenen Witz beweisen. Durow zitierte einmal in der Arena den Spruch „Vom Erhabenen bis zum Lächerlichen ist es nur ein Schritt". Ein Scherzbold, der ganz vorn saß, rief dazwischen: „Und wie weit ist es wohl von Durow bis zum Dummkopf?" (Das russische Wort „dur" bedeutet Dummheit, Albernheit). Durow ging ganz nahe an ihn heran, starrte ihm in die Augen und sagte schließlich: „Auch nur ein Schritt!"

Die Popularität des Clowns war so groß, daß er es sich sogar leisten konnte, Reklame zu machen. Wie heute unsere Fußballer trug er einen Firmennamen (es war der eines Bankiers) auf dem Rücken. Er ging noch einen Schritt weiter und ließ sich beispielshalber einen Stapel Hüte bringen. Einen davon griff er sich und sagte: „Warum hast du so viele gebracht? Ich brauche doch nur einen, aber einen guten. Zum Beispiel den Hut von der ‚Stange' (nehmen wir an, so hieß die Firma), den nehme ich ohne hinzusehen." Er berichtete darüber mit einer gewissen Beschämung, fügte aber schnell hinzu, daß er das im verderbten westlichen Ausland, in Paris nämlich – wo er sich ein Haus kaufte – gelernt habe.

Bei seinen Gastspielreisen beobachtete er genau alles, was seine Kollegen so trieben. Vom deutschen Clown hielt er nichts, er behauptete, daß der „seinen Witz in den Beinen hat". Da ist sicher was dran, miesere Clowns ersetzen ja oft Witz und Gefühl durch sinnloses Herumgerenne und Gehopse.

Alle, die ihn gesehen haben, berichten, daß er selbst in seinen Vorstellungen ein Feuerwerk an Geist und Witz abbrannte. Das tolpatschige Hauen mit der Pritsche und das gegenseitige primitive Naßmachen war seine Sache nicht. Davon lieferte er allerdings einiges im Privatleben. Er hatte einen Bruder, Wladimir, der ihm sehr ähnlich sah, und mit dem zusammen er ein paar Überraschungseffekte produzierte. Dieser spezialisierte sich später ganz auf die Tierdressur und war bald ein anerkannter Fachmann.

Zwischen den beiden Brüdern, also hauptberuflichen Komikerzeugern, entstand ein unfreiwillig komischer Streit darüber, wer denn nun der „ältere" und der „echte" Durow sei. Echt waren sie beide. Das russische Wort „starschi" (der Ältere) bedeutet zugleich Höhergestellter, Erster. Es ging also darum, wer auf gut deutsch „der Größte" war. Wladimir war zwar zwei Jahre älter, aber Anatoli war ganz sicherlich der bessere Clown.

Immerhin schaffte es Bruder Wladimir, im Deutschland Wilhelm II. wegen Majestätsbeleidigung ausgewiesen zu werden. Er brachte ein Schwein in die Manege, das er „Wil" nannte und dem er – eine Verneigung vor dem Geist des Gastlandes – eine Pickelhaube aufband. Als das Tier sich schüttelte und mit schiefem Helm lospreschte, rief Durow immer wieder voll Sorge: „Wil! Helm! Wil! Helm!" Solche Scherze, die zugleich auf den allergnädigsten Herren und Deutschlands schimmernde Wehr zielten, war man nicht gewohnt, und man verbat sich dergleichen heftig.

Mit seinem Bruder studierte Anatoli einmal eine Nummer ein, die er als Flug über den Zirkus ankündigte. Jeweils an einer Zeltwand standen einander zwei gleich aussehende Kisten gegenüber. Anatoli stieg in die eine, rief „Auf Wiedersehen!", gab einen Schuß ab und klappte den Deckel zu. Im gleichen Augenblick öffnete Wladimir seine Kiste und rief „Guten Tag!" So ging es paarmal hinüber und herüber, das Publikum war begeistert.

Am nächsten Tag besuchte ihn der Moskauer Generalgouverneur Wladimir Andrejewitsch Dolgorukow, der ein großer Fan Durows war und ihm schon des öfteren hatte Lorbeerkränze zusenden lassen. „Wie haben Sie das gemacht?" fragte er ihn. Durow erklärte ihm den Trick.

„In der anderen Kiste saß also ihr Bruder?" sagte der Fürst enttäuscht. „Und ich habe die ganze Zeit überlegt."

„Mein Bruder ist mir halt ziemlich ähnlich, er hat die gleiche Stimme."
„Ja, ja, das schon, Aber irgendwie zu einfach. Ich finde, es wäre besser, wenn Sie mir das nicht erzählt hätten."
„Aber Sie wollten es doch wissen."
„Das schon. Aber ich wußte nicht, daß es so einfach ist. Ich habe gedacht, es wäre viel komplizierter. Lustig war es schon. Aber warum nur so einfach?"
Da war die Obrigkeit einmal ausnahmsweise erstaunlich gutwillig, aber wohl wiederum nicht so ganz mit dem Gebotenen zufrieden.
Über Schwierigkeiten mit den neuen Herren hat man von den Nachfolgern der Durows (die Söhne beider Brüder und auch ein Enkel gingen zum Zirkus) bislang noch nichts gehört. Ein Nachfahr jenes Wladimir, nämlich Jurij Wladimirowitsch Durow, hat dann später in der Show „Allegorische Parade" mit Hühnern, Affen, Schwänen, Füchsen, Seelöwen, Pinguinen, Bären, einem Kängeruh, einem Elefanten und einem Nilpferd „die abscheulichen Masken jener Kreaturen vorgeführt, die versuchen, den Frieden und die Ruhe in der Welt zu stören; die sich vorgenommen haben, die Menschheit mit Atom- und Wasserstoffbomben zu bedrohen", wie ein sowjetischer Kritiker schrieb. Mit jenen „Kreaturen" dürften die sogenannten NATO-Politker gemeint gewesen sein. Die positiven Rollen wurden vermutlich von den Bären und anderen gespielt.
Volksbildungskommissar A. W. Lunatscharski (seine Frau wurde 1926 Leiterin der neu gegründeten staatlichen Circusschule) hatte schon 1919 geschrieben: „Der Clown ist Herr über das Gelächter von Tausenden ... Das ist eine ungeheure Kraft ... Diese Satire des Clowns, dieses volkstümlichen Spaßvogels, muß durch und durch wahrhaftig, scharf und zutiefst demokratisch sein. Der Clown muß es wagen, Publizist zu sein". Publizistik war die „Allegorische Parade" schon, ob „durch und durch wahrhaftig" steht auf einem anderen Blatt. Daß diese Forderungen erfüllt werden können, hat Anatoli Durow zeit seines Lebens bewiesen.
Am 7. Januar 1916 starb er – hochgeehrt – während eines Gastspiels im Circus Maximjuk an Bauchtyphus. Maxim Gorki hat das Schönste geschrieben, was man über einen Clown sagen kann, für ihn war Durow „der Zauberer, der in den vergifteten Brunnen der Traurigkeit einen Tropfen, nur einen einzigen Tropfen von lebendigem Wasser des Lachens hineingoß und diesen Brunnen dadurch zum Kraft und Leben spendenden Heilquell machte".

Bartel F. Sinhuber

Ohrfeigen für den schwarzen August: Foottit und Chocolat

In den achtziger Jahren des vorigen Jahrhunderts tauchte in Paris der englische Clown Foottit auf, der bald darauf zusammen mit seinem Partner Chocolat, einem amerikanischen Neger, zum Liebling der Pariser avancierte. Sein richtiger Name war Tudor Hall, geboren am 24. April 1864 in Nottingham.

Foottit war ein echtes Circuskind. Sein Vater, damals ein bekannter Clown in England, arbeitete in der Manege, als sein Sohn geboren wurde. Beide Foottits waren für die Weiterentwicklung des englischen Clowns nicht ohne Bedeutung.

Während der Clown des europäischen Kontinents seine Ahnen etwa in dem Arlecchino und dem Pantalone der Commedia dell'arte, im Gracioso der spanischen Komödie oder im Pierrot der französischen Pantomime zu suchen hat, mehr noch eine Verschmelzung all dieser Tradition ist, machte der englische Clown eine eigenständige Entwicklung durch. Sie fand ihre typischste Ausprägung zu Beginn des 19. Jahrhunderts in der Clown-Figur der Christmas-Pantomimen der englischen Nationaltheater Drury Lane und Covent Garden. Ihre berühmtesten Vertreter waren damals Joe Grimaldi und sein Nachfolger Tom Mathews.

Auch Foottit der Ältere begann als Clown in den Harlekinaden der Christmas-Pantomimen des Drury Lane Theaters. Damit stand er vollkommen in der Tradition des englischen Clowns, der viel gröber

und frecher, spöttischer und obszöner war als etwa der französische Clown.
Der berühmteste Vertreter der französischen Clowns war zu der Zeit der 1796 in Böhmen geborene Jean-Gaspard Deburau, von dem ganz Paris schwärmte und den Honoré Balzac und Théophile Gautier, George Sand und Charles Baudelaire bewunderten. Deburaus traurig-heiterer Pierrot erstand hundert Jahre später noch einmal durch Jean-Louis Barrault in dem Film „Kinder des Olymp".
Wie anders war dagegen der englische Clown! Er kam erstmals gegen Ende des 18. Jahrhunderts mit den „Englischen Reitern", den Kunstreitergesellschaften, nach Frankreich. Erstaunlicherweise fand seine übertrieben groteske Komik bald nicht nur beim „einfachen Volk" Anklang. Baudelaire, dessen Zeitgenosse Foottit der Ältere war, hat den Typ des englischen Clowns beschrieben:
„Der englische Pierrot kommt herein wie ein Sturm, fällt wie ein Kohlensack um und erschüttert das Haus mit seinem Lachen wie ein erfrischendes Gewitter. Er ist gewöhnlich ein kleiner, dicker Bursche, der seinen Umfang mit einem von Bändern überladenen Kostüm noch vergrößert. Über sein Gesicht hat er ohne viel Sorgfalt zwei große scharlachrote Kreise gemalt, und sein Mund ist durch Karminkleckse so vergrößert, daß er beim Lachen von einem bis zum anderen Ohr reicht. Was sein Benehmen angeht, so muß man einmal darauf achten, was er mit den Torten anstellt. Wo Deburau nur seinen Finger unschuldig und zaghaft ausstrecken würde, um ihn dann abzulecken, da springt der englische Clown gleich mit beiden Füßen in die Torte hinein! Er leidet an schwindelerregender Übertreibungssucht ... Ich habe einmal gesehen, wie ein englischer Pierrot guillotiniert wurde. Warum er in England durchaus den Tod durch die Guillotine erleiden muß, statt gehenkt zu werden, kann ich nicht begreifen. Pierrot wird zur Schlachtbank geführt. Er brüllt wie eine Kuh, die das Schlachthaus riecht. Da fällt das Beil. Man sieht den blutigen Nacken und das Rückgrat, während der Kopf über die Bühne rollt. Dann rennt Pierrot, getrieben von unersättlichem Egoismus, der zur Echtheit eines englischen Clowns gehört, mit den gleichen Gesten, mit denen er zuvor einem Schinken oder einer Flasche Wein nachgerannt ist, wie besessen hinter seinem Kopf her. Stolz steckt er ihn in die Tasche. Engländer müssen eine besondere Gabe für Übertreibungen haben, und ich fand, daß ihre unglaublichen Farcen eine eigenartig überzeugende Realität gewannen ..."
Die Faszination, der sich Baudelaire bei aller Abneigung dieser grotes-

ken Übertreibungssucht offenbar nicht entziehen konnte, erklärt die Beliebtheit der englischen Clowns in Paris ab der Mitte des vorigen Jahrhunderts.

Der ungewöhnliche Erfolg des englischen Clowns Foottit (junior) und die große Popularität, die er in den achtziger und neunziger Jahren bei den Parisern genoß, hatte aber noch andere Gründe: Sein Stil hatte sich ganz wesentlich von dem eines Grimaldi entfernt und Elemente des französischen Clowns aufgenommen.

Foottit war nicht nur der Sohn, sondern auch der Lehrling und Partner seines Vaters. Eines Tages verließ Foottit der Ältere das Drury Lane Theater und wurde Circuskomiker. Nun mußte er sich den neuen Bedingungen der Manege anpassen, und damit veränderte sich auch sein Stil.

In den Christmas–Pantomimen, in denen sich Elemente des Märchen- und Zaubertheaters mit Harlekinade und Opera buffa, Artistik und Revue mischten, war der Clown bei allen Freiheiten doch in eine Handlung eingebunden, war er ein Schauspieler unter Schauspielern noch im Extempore. Auf den Jahrmärkten blieb der Clown auf sich gestellt. Bestenfalls hatte er einen Partner. Die Komik des redseligen, extemporierenden „Jocrisse“ der Jahrmärkte war der des französischen Clowns oft näher als der des Schauspieler-Clowns auf der Bühne. Beides verschmolz Foottit der Ältere zu einem eigenen Typ des Circus-Bajazzo.

Auch Maske und Kostüm änderten sich. Foottit schminkte sich das Gesicht nicht mehr weiß mit roten Flecken und großem scharlachroten Mund, sondern er färbte sich die Wangen mit Kohle schwarz oder bemalte das Gesicht mit phantastischen Zeichnungen. Die üblichen drei schwarzen Haarsträhnen wurden durch eine feuerrote Perücke ersetzt. Dazu trug er ein anliegendes Trikot mit weit pludernden Puffs an den Hüften und eine weiße enge Jacke mit roten und schwarzen Mustern.

Als Foottit junior mit drei Jahren zum erstenmal und als Partner seines Vaters in der Manege stand, trug er haargenau das gleiche Kostüm. So traten sie fast neun Jahre lang bis zum Tode des Vaters gemeinsam auf.

Die Grundlage ihrer Nummern blieb immer gleich: Der Sohn macht alles nach, was der Vater tat – Sprünge, Grimassen, Kraftübungen. Und wenn der Vater ihn am Hinterteil in die Luft hob, versuchte der Sohn das gleiche mit ihm, was ihm natürlich nicht gelingen konnte. Jedesmal, wenn der Vater die Nachahmung entdeckte, gab er dem

Sohn die Ohrfeigen des Clowns-Entrées. Der Abgang war immer der gleiche: Der Vater faltete den Sohn zu einem kleinen Paket zusammen und trug ihn hinaus.

Vater und Sohn traten im „Foottit Great Allied Circus“ auf. Doch der Besitzer des Circus war zuletzt nicht mehr Foottit der Ältere, sondern der damals bekannte Reiter Thomas Batty. Um sich auch weiterhin die Direktion des Circus zu sichern, heiratete die geschäftstüchtige Mutter nach dem Tode des Vaters Thomas Batty.

Foottit junior war zwölf Jahre alt und ging nun zu einem Onkel, dem Besitzer des in Europa bekannten Circus Sanger. Dort wurde er am Trapez und am Reck, aber vor allem als Reiter ausgebildet. Gelegentlich trat er auch hier noch als Clown auf.

Mit achtzehn Jahren schenkte ihm sein Onkel ein eigenes Pferd und 700 Francs als Startkapital. Damit machte sich Foottit selbständig und trat ein Engagement beim Cirque Continental in Bordeaux an. Doch wie schon sein Vater war auch Foottit ein Spieler. Hatte Foottit der Ältere einst – so darf man annehmen – den von ihm selbst gegründeten Circus im Spiel verloren, so verlor nun der Sohn Geld und Pferd beim Kartenspiel in einer Nacht.

Das einzige, was er jetzt noch besaß, war sein Clowns-Kostüm, und so arbeitete er eben wieder als Clown. Sein Erfolg muß ungewöhnlich groß und rasch gewesen sein, denn er hatte mit einer Gage von monatlich 300 Francs begonnen und verdiente bereits ein Jahr später 1 200 Francs im Monat.

Noch einmal kehrte er zurück nach England und trat im Londoner Covent Garden mit der Truppe Hollander auf. In dieser Truppe gab es 37 Clowns, unter denen aufzufallen es natürlich nicht ganz einfach war.

Da entsann sich Foottit seiner Ausbildung als Reiter. Er erarbeitete eine Nummer, bei der er in Clownsmaske und Damenkostüm eine Stehendreiterin auf einem Nudelbrettschimmel, wie die breitrückigen Pferde genannt werden, parodierte. Es war die erste Parodie dieser Art, die man gelegentlich noch heute im Repertoire mancher reitender Clowns findet.

1886 oder 1887 muß Foottit wieder in Paris und beim Cirque Medrano engagiert gewesen sein, dessen Gründer Jérôme Medrano, genannt Boum-Boum, bis zu seinem Tode 1912 selbst ein bekannter Clown war. Bei Medrano begegnete Foottit einem jungen Schwarzen, der hier unter dem Namen Chocolat sein erstes Engagement als dummer August hatte.

Chocolat war angeblich um das Jahr 1868 in Havanna auf Cuba geboren. Als Vollwaise kam er nach Europa, wo er sich wegen seiner Hautfarbe von Anfang an Chocolat nannte. Seinen richten Namen – Raphael Padilla – erfuhr man erst aus dem Totenschein, als er am 4. November 1917 in einem Hotelzimmer in Bordeaux an Angina pectoris gestorben war. Der Totenschein gab sein Alter mit 49 Jahren an. Chocolat wurde auf dem protestantischen Friedhof von Bordeaux beigesetzt.

Foottit und Chocolat schlossen sich zusammen und traten die nächsten fünfzehn Jahre hauptsächlich gemeinsam auf. So lange blieb das seltsame Gespann eine Attraktion für die Pariser. Sie benutzten ausschließlich die klassischen Stilmittel der Clownskomik, also Stolpern, Purzelbäume, Stuhlwegziehen u.ä. Aber ihr Repertoire und ihre Auftritte waren bis in kleinste Detail präzise und glänzend ausgearbeitet. Foottit übertrug das Erbe und die Schule seines Vaters auf seinen neuen Partner.

Bei ihren Auftritten trug Foottit, weiß geschminkt, ein weites, helles Trikot mit Halskrause. Chocolat war in weite Pluderhosen gekleidet und trug dazu eine lange Jacke und eine hohe Mütze mit einer großen, herunterhängenden Quaste. Später vertauschte er die Mütze mit einem verbeulten Zylinder, die Jacke mit einem roten Frack und die Pluderhose mit schwarzen Kniebundhosen und schwarzen Strümpfen. Dieses Kostüm behielt er bis zuletzt. Sein schwarzes Gesicht schminkte sich Chocolat nie.

Der Witz ihres Entrées bestand jeweils darin, daß, wie Foottit deutlich machte, es neben ihm einen noch Dümmeren gab. Dabei lachte man nicht nur über den dummen August (Chocolat), sondern mehr noch über den pfiffigen Foottit. War er doch zuletzt immer um eine kleine Nasenlänge schlauer, schneller oder geschickter als der Neger-August, für den jede Nummer mit einer Ohrfeige endete. Mit echten Ohrfeigen!

Die echten Ohrfeigen im Clowns-Entrée waren eine Besonderheit. Nicht nur waren sie viel realistischer und wirkungsvoller, sie wurden auch bei der Gage extra berücksichtigt als eine Art „Schmerzensgeld". Der rumänische Clown Tandeanu beispielsweise war ein Spezialist im Einstecken von Ohrfeigen; nach eigenen Angaben verdiente er sich in seinem Circusleben mit 130 000 erhaltenen Ohrfeigen eine Viertelmillion Schweizer Franken.

Foottit und Chocolat traten vor allem im Nouveau Cirque in Paris und zwischen 1894 und 1898 im Hippodrom auf dem Pariser Marsfeld auf.

Die außerordentliche Popularität, die sie bei den Parisern genossen, verdankten sie nicht zuletzt der Ausgefeiltheit ihrer Darstellung, die der Präzision von Schauspielern und der französischen Pantomimen entsprach. So war es kein Wunder, daß sie auch Schauspielerrollen übernahmen. „En selle pour la Revue“ (Revue im Sattel) hieß eine 1888 mit großem Erfolg im Pariser Circus von Louis Fernando aufgeführte Revue, in der Foottit und Chocolat neben den Clowns Pierrantoni und Saltamontes in komischen Rollen auftraten.

Doch bald nach der Jahrhundertwende müssen sich Foottit und Chocolat getrennt haben. Chocolat war am 25. Februar 1891 in Paris ein Sohn – Eugène Raphael Grimaldi – geboren worden. Mit diesem trat er nun bis zu seinem Tode gemeinsam auf, dabei trug er den bereits erwähnten roten Frack als August. Der Sohn war mit der weißen Spitzmütze und dem Flitterkostüm des Weißclowns bekleidet, schminkte sich jedoch das Gesicht nicht weiß, sondern ließ es schwarz. Nach dem Tode des Vaters 1917 nannte sich der Sohn ebenfalls Chocolat. In späteren Jahren arbeitete er mit dem sehr bekannten August Porto zusammen und starb 1934 in Paris.

Foottit zog sich schließlich von der Bühne und aus der Manege zurück. In der rue Montaigne 6 in Paris eröffnete er ein Bar-Restaurant, das lange Zeit ein beliebter Artisten-Treffpunkt war. Dort starb er am 29. April 1921 im Alter von 57 Jahren.

Bei aller Phantasie des Einfalls und aller Technik des Könnens lag das Geheimnis von Foottis großem Erfolg zuletzt in seiner Persönlichkeit und seiner Auffassung vom Beruf. Denn – wie er einmal über sich sagte – den Clown spiele er zu seinem eigenen Vergnügen. Er amüsiere sich dabei. Und darum amüsiere sich schließlich auch das Publikum.

Karl Hoche

Ein Jahrhundert Clownsgeschichte: Die „3 Fratellinis“

Seit jeher haben die Kinder von Clowns versucht, in die Fußstapfen ihrer Väter zu treten. Sie hatten das Talent geerbt, konnten frühzeitig das Handwerk lernen, die Gags und Tricks vom Vater übernehmen, hatten schon vom Beifall genascht. Manchmal erwiesen sich die väterlichen Fußstapfen jedoch auch als zu groß.

In der großen Familie der Clowns gab es daher schon immer Clownsfamilien, die klassische stammt aus dem Land der „famiglia“: Italien. Dazu hießen sie auch noch „Fratellini“, zu deutsch „Brüderchen“. Ihr Stammvater, der 1842 geborene Gustave, Sohn eines gutbürgerlichen, wenn auch etwas verarmten Privatiers, sollte Arzt werden. Aber er hatte mit zehn Jahren einmal eine wandernde Gauklertruppe gesehen, die „Truzzi“, deren Nachfahren noch heute als Artisten durch das Land ziehen. Immer wieder rannte er in ihre Vorstellungen (sicherheitshalber sei jedoch an dieser Stelle angemerkt: die Familie war schon vorher verarmt) und eines Tages war er ganz verschwunden. Bald brachten ihn Polizisten wieder nach Hause, sie hatten ihn im Wagen der Gaukler gefunden.

Die erschrockenen Eltern steckten ihn in ein Internat. Sie konnten ja nicht ahnen, daß dereinst einmal seine vier Söhne, neun seiner sechzehn Enkel und sechs der – vermutlich gar nicht mehr zu zählenden – Urenkel Clowns werden würden, die vielen Angehörigen, die (z. B. als Vorder– und Hinterteil eines Pferdes) mithalfen, nicht gerechnet.

Mit achtzehn begann er sein Medizinstudium. Da wurde seine Aufmerksamkeit sehr bald von einem durch das Land ziehenden Unternehmen gefesselt, das viel größer und um etliches theatralischer als jeder Circus war: der „Zug der Zehntausend" Garibaldis, der für die Unabhängigkeit und Einigung Italiens kämpfte. Zusammen mit einer Studentengruppe schloß sich Gustave dem Zug an. Bei allen inszenatorischen Effekten, deren unbestrittene Meister die Italiener schon immer waren, darf man nicht vergessen, daß hier ein blutiges Geschehen ablief. Der junge Fratellini nutzte seine bereits erworbenen Medizinkenntnisse und kümmerte sich als Sanitäter um die Verwundeten.

Bald wurde es auch für ihn ernst. Auf einem Patrouillengang stießen er und seine Mitkämpfer auf eine starke feindliche Übermacht. Die Soldaten zogen ihn aus einem Backofen, in dem er sich versteckt hatte, und warfen ihn in einen Fluß, um Zielübungen zu veranstalten. Er entkam ihnen jedoch und wurde am anderen Ufer regulär gefangengenommen. (Zehn Jahre später folgte er übrigens noch einmal dem Rufe Garibaldis und wurde in Frankreich verwundet.) Im Gefangenenlager Gaeta bemerkte er, daß er die Gabe hatte, seine Landsleute zum Lachen zu bringen. Er improvisierte kleine Auftritte und stellte dann eine Akrobatentruppe zusammen.

Nach dem Krieg war seiner Familie glücklicherweise das Geld völlig ausgegangen, Gustave mußte nun nicht mehr studieren und durfte mit der Circusfamilie Tramanini losziehen. 1872 wanderte er dann mit seinem eigenen „Grand Cirque Fratellini", dessen Größe im umgekehrten Verhältnis zu seinem pompösen Namen stand (ein paar Maultiere zogen einen Karren) durch Süditalien. 1875 ist damit Schluß. Drei Jahre später ist die Familie in Frankreich, wo der Vater als Reiter, Akrobat, Clown und Ausrufer auftritt. In Italien hat er seitdem nie mehr gearbeitet, obgleich die Familie ihr Leben lang untereinander den heimatlichen toskanischen Dialekt gesprochen und nie richtig Französisch gelernt hat.

Zusammen mit zwei fremden Partnern (sein zweiter Sohn war damals gerade auf die Welt gekommen und konnte beim besten Willen noch nicht mitarbeiten) trat er 1879 im Pariser Hippodrom zum erstenmal unter dem Namen „Fratellini" auf. Das Programm war noch eher akrobatisch, die drei trugen das gleiche Kostüm, ein dunkles, mit Blumenmustern und Spitzen verziertes Trikot.

Nur die Gesichter waren gelblich-weiß geschminkt, das war bereits ein Übergang von den früheren starren Masken zum lachenden, auf Komik getrimmten Gesicht des neueren Clowns. Für Gustave Fratellini wäre es beinahe ein Übergang vom Leben zum Tode geworden, denn er hatte dazu immer Bleiweiß verwendet (später nahm er dann statt dessen Zinkweiß). Vielleicht hätte er damals doch noch ein paar Semester Medizin zulegen sollen, dann hätte er vielleicht gewußt, daß dies eine sehr gefährliche Sache war, die seine letzten Lebensjahre im wahrsten Sinne des Wortes vergiftet hat.

Die „Fratellinis" arbeiteten auch im russischen Circus Salamonsky, der gemäß den damaligen Bräuchen mehrere Clowns engagiert hatte, die gegeneinander konkurrierten. Dabei überlagerten sich die verschiedenartigsten Rivalitäten. Bei Salamonsky trat auch der berühmte Durow auf, der „im Namen Rußlands gegen das Eindringen lateinischer Clowns" protestierte, eine reife Leistung für einen Sprechclown, doch hier leider gar nicht komisch gemeint. Die Direktion ließ sich das nicht zweimal sagen und zog diesen Streit aus Reklamegründen ganz groß auf. Der Circus war immer knallvoll. Die kosmopolitische Oberschicht votierte für die Fremden, das Bürgertum und die unteren Schichten dachten streng russisch. (Zu den vielen Ähnlichkeiten zwischen Deutschen und Russen gehört, daß in beiden Völkern immer die einen alles Ausländische angehimmelt haben und die anderen dafür um so nationalistischer waren.) Schließlich setzten sich jedoch die Ausländer durch, was aber auch damit zusammenhing, daß Durow nicht mehr ganz auf der Höhe seiner Kraft stand. Das Problem liegt jedoch nicht darin, welche Nation die größten Clowns hervorbringt (ob in der Regierung oder außerhalb), sondern darin, daß Nationalismus die größte denkbare Clownerie ist, und dazu noch viel gefährlicher als Bleiweiß und alle Akrobatenkunststücke zusammengenommen. Diese Erkenntnis hat sich im Publikum leider noch nicht genügend herumgesprochen, auch wenn unsere Welt – wie man sagt – ein großer Circus ist.

Gustaves vier Söhne wurden hervorragende Reiter und Akrobaten. Die beiden ältesten, Louis und Paul, traten gerade gemeinsam in Warschau auf, als Louis krank wurde. Sein jüngerer Bruder mußte ihm beim Schminken und Anziehen helfen, die Vorstellungen wurden ihm mehr und mehr zur Qual. Ein paar Stunden nach dem Auftritt starb Louis an einem Nervenfieber. Paul lernte schnell einen fremden Sprechclown an, der die Rolle des Verstorbenen übernehmen mußte. Auch am Tage der Beerdigung machte Paul seine Späße. Er hatte keine andere Wahl.

Der Tote hinterließ eine Witwe mit fünf Kindern. Um sie durchzubringen, taten sich die drei Brüder zusammen und hoben eine völlig neuartige Clownstruppe aus der Taufe, die „3 Fratellinis". Hier hatte sich die weltbekannte italienische Institution „famiglia" wieder einmal von ihrer besten Seite gezeigt (die weniger guten faßt man unter dem Begriff „Pate" zusammen) und der Welt ein großes Geschenk gemacht, das sie bis heute nicht vergessen hat.

Das Neue dieser Truppe bestand nicht nur darin, daß die Brüder in ständiger intensiver Zusammenarbeit neue Nummern ausdachten und an den Gags feilten, die Zusammengehörigkeit gab ihnen auch die Möglichkeit zu groß angelegten Improvisationen. Noch wichtiger war jedoch die von ihnen vorgenommene Typisierung. Jeder der drei wurde mehr und mehr zu einer ganz bestimmten Figur, und ihre Konstellation ergab schon von vornherein ein gewisses Maß an Komik.

Paul, geboren 1877 in Catania, war der große Komiker. Im Gesicht hatte er schwarze Tupfen, Lippen und Nasenspitze waren rot. Sein Aufzug war eine Mischung aus Normalkleidung und dem Kostüm des Augusts. Demzufolge spielte er auch eine Mixtur aus gutbürgerlicher Eitelkeit und der Komik des Clowns und kam damit gut an. Er war der am meisten musikalische (spielte die Konzertina) und dürfte auch die meisten Nummern erfunden haben. Er interessierte sich für Circusgeschichte, sammelte Circusbücher aus aller Welt und brachte einen äußerst wertvollen Bestand zusammen.

Francois, geboren 1879 in Paris, war der Elégant der Truppe. Er machte eine sehr gute Figur zu Pferde, auf dem er schon früh gewagte Kunststücke vollführte. Seine Instrumente waren Gitarre und Mandoline. Er trug die von der Commedia dell'arte herkommende Weißclownmaske, die durch ihn zu einer stehenden Figur im Repertoire der Clowns wurde. Das Gesicht war blauweiß geschminkt, über den Augen trug er schwarze Striche, Nasenflügel und Ohren waren rot. Für sein wertvolles Paillettenkostüm hatte unter anderen auch der Maler Léger Entwürfe geliefert. Die schlotternden Anzüge der beiden anderen Brüder, deren ausgeklügelt schlechter Sitz vermutlich genauso sorgfältig hergestellt werden mußte wie das Edelkostüm, stammten von den Ehefrauen.

Albert, geboren 1886 in Moskau, spielte den Tolpatsch. Über die rosafarbene Haut hatte er die Augenbrauen hochgezogen, trug Runzeln und eine Knollennase. Er spielte Posaune, Geige und Saxophon. In der Manege blieb er meist stumm, im Privatleben war es vermutlich nicht viel anders, da zog er sich gern in sein Haus am Stadtrand von Paris mit Garten und Hühnerhof zurück. Außerdem war er mit einem sehr ausgeglichenen Temperament gesegnet.

10 Anatoli Leonidowitsch Durow (1863 – 1916), der bekannte russische Dressurclown.

11 Wladimir Leonidowitsch Durow, der Bruder Anatolis, der ihm sehr ähnlich sah und sich ganz auf die Tierdressur spezialisierte.

12 Anatoli Leonidowitsch Durow mit Hunden und Affen.

13 Chocolat (1868 – 1917), der Neger-August aus Havanna, der 1911 den Orden der Ehrenlegion erhielt.

NOUVEAU GRAND CIRQUE
DE PARIS
Première grande tournée
artistique du seul, de l'unique et du merveilleux
CLOWN FOOTTIT
Direction : H.HOUCKE de Paris

15 Foottit und Chocolat. Dieses Clowns-Duo avancierte im Hippodrom auf dem Marsfeld und im Nouveau Grand Cirque in Paris zum Liebling des Volkes.

◀ *14* Der englische Clown Foottit (1864 – 1921) erlangte im Nouveau Grand Cirque in Paris großen Ruhm.

16 Foottit mit seinem Partner Zino.

17 Die 3 Original-Fratellinis: François, Paul, Albert. ►

Die 3 Original

FRATELLINI

FRANCOIS · PAUL · ALBERT

François · Paul · Albert

Seit 1865

urden (inkl. der Engagements ihrer Eltern) folgende Zirkusse absolviert:

rkus Beketow
Besano
Blumenfeld
Oscar Carré
Andrea Ciniselli
Alexandre Ciniselli
Scipione Ciniselli
Coliseu de Recreos Lissabon
Corty-Althoff
De-Ko-K.

Zirkus d'Eté, Paris
„ Fassio
„ Fernando, Paris
„ Fratellini (Paul, François, Albert), Tournee in Italien
„ David Guillaume
Zirkus Hengler, London
„ Herzog
Cirque d'Hiver, Paris
„ Mayer
Cirque Medrano, Paris

Zirkus Nikitin
Cirque Nouveau, Paris
Zirkus Parish, Madrid
Cirque Pierantoni
Zirkus Piege
„ Salamonsky
„ Max Schumann
Tower Circus, Blackpool
Hippodrome, London
Hippodrome, Paris (Avenue de l'Alma)

aren 12 Jahre im Cirque Medrano, 6 Jahre im Cirque d'Hiver, Paris

Wir gehen aber mit der neuen Zeit, indem wir als moderne Varieté-Clowns arbeiten.

r Zeit mit unserer Gesellschaft: **Apollo-Theater, Düsseldorf**

18 Die Gebrüder Fratellini im Circus Busch 1912/13.

19 Die Fratellinis in der Garderobe mit ihren Musikinstrumenten.

20 François und Paul Fratellini zusammen mit Monsieur Royal, dem Sprechstallmeister des Cirque Medrano in Paris um 1935.

21 François, Paul und Albert vor dem Auftritt in der Manege.

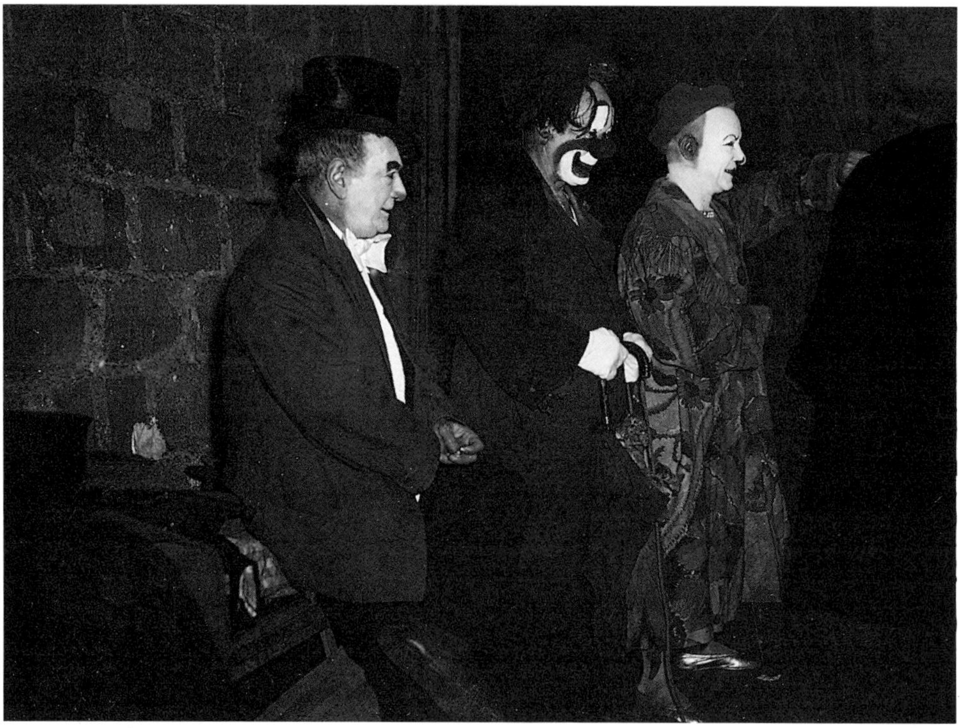

22 Die Fratellinis in der Garderobe 1928, an der Decke Trickrequisiten. ▶

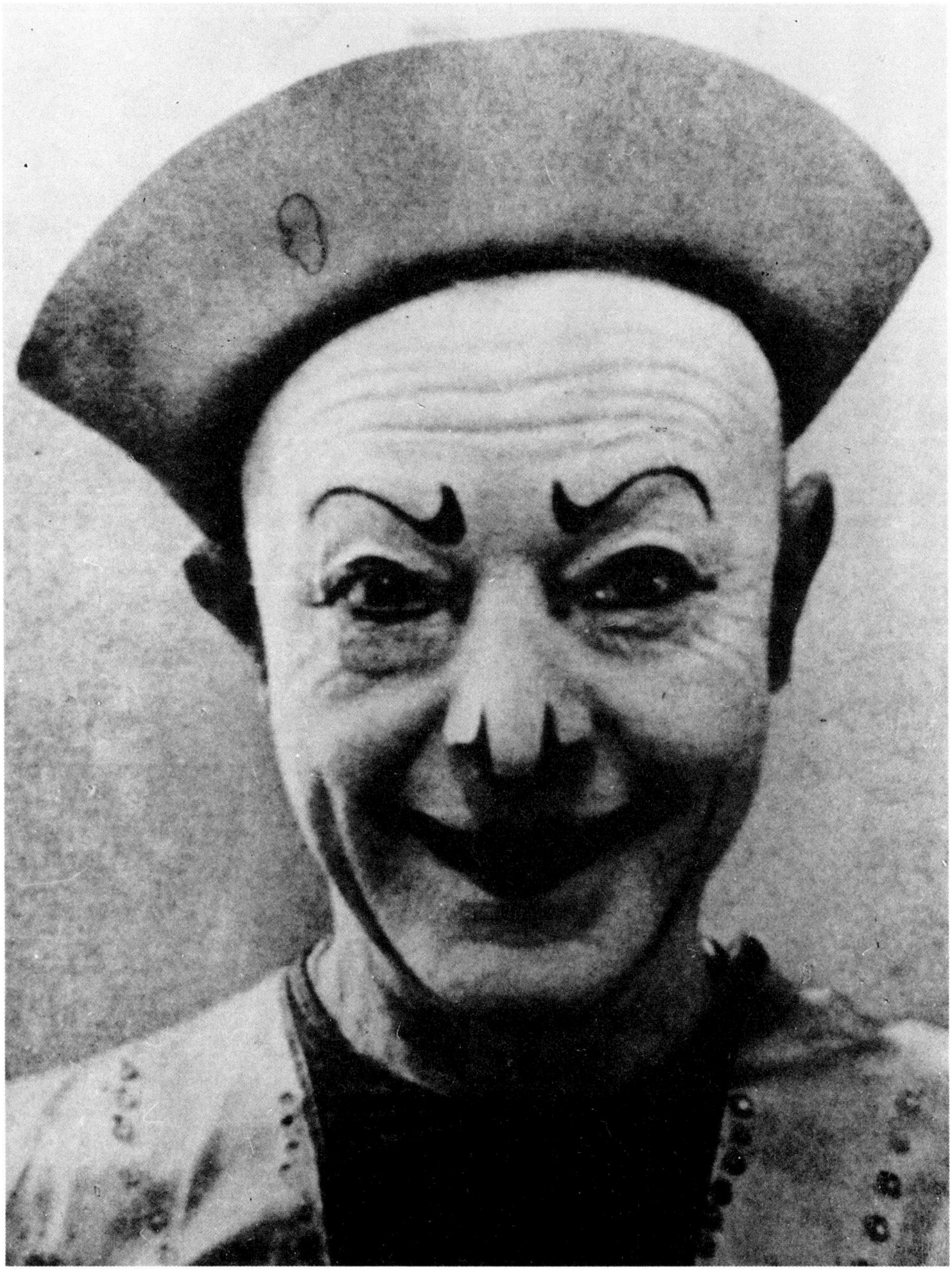

23 François Fratellini (1879 – 1951).

24 Albert Fratellini (1886 – 1961).

25 Die Neffen der Fratellinis Gustave, Max und Gino Colombo mußten mit ihren Onkeln einen kostspieligen Konkurrenzkampf austragen, weil sie sich auch „3 Fratellini" nannten. Sie mußten sich schließlich „Fratellini-Trio" nennen.

26 Das „Fratellini-Trio“.

27 Gustave Fratellini, Neffe der Original-Fratellinis. ▶

Mit fünf Jahren darf er seinem Vater in einem Entrée helfen. Er steckt in einem riesigen Ei, das er auf ein Kommando seines Vaters in Bewegung setzen soll. Der Vater ruft – das Ei bleibt bewegungslos liegen. Er wiederholt das Kommando, das Ei rührt sich nicht. Das Publikum wird ein wenig unruhig, noch mehr aber der Vater, welcher das Schlimmste befürchten muß. Gustave Fratellini macht daraufhin sofort etwas anderes, damit das Ei dem Publikum so schnell wie möglich aus den Augen geräumt und geöffnet werden kann. Albert war darin aber nicht erstickt, sondern nur eingeschlafen, schließlich war es ja seine Schlafenszeit, und an die hatte er sich eben gehalten. Damit war das Rätsel des faulen Eis gelöst und der Grundstein für die Rolle Alberts im Trio gelegt.

Wo so viel wirkliches Leben in die Rollen fließt, diese zu so unverwechselbaren Typen werden und dennoch von begabten Leuten ständig daran gearbeitet wird, kann der Erfolg nicht ausbleiben. Die „3 Fratellinis" wurden ein Welterfolg. 1923 ernannte man sie im Hause Molières zu Mitgliedern der Comédie Française.

So ausgetüftelt ihr Programm auch war, gelegentlich kam es doch vor, daß sie sehr schnell auf eine völlig neue Situation reagieren mußten. In Charleroi traten sie in einem völlig aus Holz gebauten Circus auf. Und wie der Teufel es wollte, schlugen mitten in ihrem Auftritt plötzlich Flammen aus dem obersten Rang. Nun ist das Feuer in solchen Fällen oft nicht so schlimm wie die Panik, welche eine auf engen Raum zusammengedrängte große Menschenmenge urplötzlich ergreifen und in eine völlig unberechenbare, alles niedertrampelnde Büffelherde verwandeln kann. Schon schrien einige auf, und an den Ausgängen entstand das erste Gedränge. Die Situation wurde brenzlig.

Um die Aufmerksamkeit zu erhalten, stimmten die Clowns zunächst in das allgemeine Rufen ein, indem sie ebenfalls „Feuer! Feuer!" schrien. Nachdem sie sich des Themas sozusagen bemächtigt hatten, gaben sie ihm sofort eine andere Richtung, um es zu entschärfen. Sie plärrten jetzt nämlich „Hat vielleicht jemand Feuer? Ich möchte mir eine Zigarette anzünden!" Das war nun einigermaßen paradox, da hier etwas gewünscht wurde, vor dem das Publikum ja gerade fliehen wollte. Verblüfft blieben die Leute stehen und starrten in die Manege. Gehörte das Ganze vielleicht nur zur Vorstellung? War es ein Trick, mit dem die Clowns ihr Publikum veralberten? Wie auch immer, die Menge war vorerst einmal zum Stehen gebracht. Mit der Bitte um Feuer rannten die Clowns jetzt kreuz und quer durchs Publikum, um es noch weiter zu beruhigen.

Nur die Zuschauer auf dem obersten Rang, die dem Feuer am nächsten waren, rannten weg. Sie flüchteten auf das Musikpodium, welches mit lautem Krachen zusammenstürzte und viele Verletzte unter sich begrub. Erst als man sie weggeschafft hatte, und alles wieder notdürftig in Ordnung gebracht worden war, fragten sich die Leute, was eigentlich aus dem Feuer geworden war. Es waren nur ein paar brennende Zeitungsblätter gewesen, die ein Feuerwehrmann mit den Stiefeln ausgetreten hatte.

Als die Kassiererin, die sich ebenfalls in den Trubel gestürzt hatte, wieder an ihre Kasse ging, waren die Tageseinnahmen weg. Jemand hatte das Zeitungspapier angezündet und sich das so entstandene Durcheinander zunutze gemacht. Die Folgen waren schlimm, aber sie hätten unvorstellbar gräßlich sein können, wenn die „3 Fratellinis" nicht auch während dieses Zwischenspiels ihren kühlen Kopf behalten und das ganze Geschehen mit der gleichen Präzision gelenkt hätten, mit der sie auch ihre Nummern darboten.

Hier ist eine davon. François sagt zu Paul, er könne zehn Francs gewinnen. Da habe er einen Trichter und eine Münze. Er müsse den Kopf nach hinten beugen und die Münze auf die Stirn legen. François zähle jetzt bis drei, dann müsse er die Stirn senken und die Münze in den Trichter fallen lassen. Paul legt den Kopf nach hinten und die Münze drauf. François steckt ihm den Trichter in den Hosenbund. Er gießt eine Kanne Wasser in den Trichter. Laut lamentierend rennt Paul mit nassen Hosen weg.

Albert kommt herein. François bietet ihm ebenfalls die Münze an und erklärt den Vorgang. Albert schreit immerfort, „klar, will ich die zehn Francs gewinnen", und macht begeistert mit. François fängt zu zählen an. Nach der „Eins" stoppt er. Zusammen mit dem wieder hereinkommenden Paul schüttet er eimerweise Wasser in den Trichter. Albert brüllt weiterhin wie am Spieß: „Zehn Francs gewinnen!" Paul ist verzweifelt. „Er hat eine Kanalisation!" Schließlich geht ihnen das Wasser aus. Entnervt zählt François „Drei!" Albert bewegt den Kopf nach vorn und läßt die Münze in den Trichter fallen.

Albert zeigt die Münze. „Hier ist die Münze!" Er wühlt in seinen weiten Schlabberhosen herum und fördert schließlich eine zu drei Viertel volle Flasche ans Tageslicht. „Und hier ist das Wasser!"

Der Erfolg der Truppe rief Nachahmer auf den Plan. Sie erinnern sich vielleicht, daß die „3 Fratellinis" sich zusammengetan hatten, um die Witwe und die fünf Kinder ihres in Warschau verstorbenen Bruders Louis zu unterhalten. Das war ihnen gelungen (und sie hatten dabei noch einige Menschen mehr glänzend unterhalten als nur ihre Neffen und die Schwägerin). Als die Kleinen nun in angenehmen Verhältnissen herangewachsen waren, hatten zwei von ihnen, Gustave und Maximilien, eine Idee. Es fiel ihnen nämlich ein, daß sie ja schließlich auch Fratellini hießen und daß man daraus etwas machen konnte. Flugs holten sie sich einen Schwager dazu und gruben ein paar Sachen aus, die ihr Vater Louis entwickelt hatte. Schon war der originelle Name „3 Fratellinis" zum zweiten Mal geboren.

Im Jahre 1930 gastierten beide Truppen auf verschiedenen Bühnen in Hannover, und es gab Streit. Die Direktoren, wieder einmal die Gunst der Stunde erkennend, putschten das Ganze mittels riesiger Zeitungsanzeigen und Stimmzetteln zu einer gigantischen Wahlschlacht auf, welche die Häuser füllte, den Truppen aber nur Kummer brachte. Bei der Abstimmung wurden übrigens die Neffen knappe Sieger, was sie vielleicht noch dem Ideengeber Louis verdankten. Die Onkel verklagten sie auf 10 000 Francs Schadenersatz und forderten Unterlassung. Sie sollten sich jetzt „Fratellini-Trio" nennen. Der Prozeß kam zu keinem rechten Ende, und nach einigen Jahren löste sich das „Trio" von selbst auf.

Paul, der älteste der „Fratellini"-Brüder starb im Jahre 1940. Es war für die beiden anderen nicht leicht, ihr Unternehmen fortzuführen, da sie ja nun schon weit in den Sechzigern waren. Aber die Attraktivität der Gruppe war noch so stark, daß sie beschlossen, weiterzumachen. Sie nahmen als neuen Partner den Clown Goretti auf und arbeiteten noch weitere zehn Jahre. Dann wurde François krank, und sie mußten aufhören. Goretti sah keinen Ausweg mehr, und mit seinem berühmten Salto mortale, dessen Name hier schreckliche Wirklichkeit wurde, warf er sich vor einen Zug der Pariser Métro.

Nachdem nun auch François im Jahre 1951 gestorben war, versuchten drei seiner Söhne – nunmehr die dritte Clownsgeneration –, noch einmal eine Gruppe unter dem berühmten Namen aufzubauen. Onkel Albert, der letzte der überlebenden Original-„Fratellinis" (derjenige, der damals seine Zeit im Ei verschlafen und später den Hühnerhof besessen hatte) half nach Kräften, aber bald starben zwei der Brüder. Der letzte, der wie sein Vater – der Paillettenclown – François hieß, versuchte es mit neuen Partnern und seinem Sohn, aber es gelang nicht mehr. Der Glanz einer der ganz großen Entertainer-Familien, einer Familie, die Clownsgeschichte gemacht hat, war nun endgültig erloschen, die Kraft, welche die ursprünglich italienische „famiglia" ihren Sprößlingen mitgeben konnte, gebrochen.

Ein anderer großer italienischer Entertainer, Fellini, hat den Fratellinis 1970 in seinem Film „Clowns“ ein Denkmal gesetzt. Aber dies alles, der Film, Fotos, beschreibende Worte, die in irgendwelchen Archiven verstaubenden Plakate (ein ganzes Jahrhundert lang hingen „Fratellini“-Plakate an Scheunentoren und Litfaßsäulen), der Abdruck ihrer Entrées können nur ein bescheidener Abglanz dessen sein, was die großen Clowns einst waren und wie sie wirkten. Am besten ist es immer noch, die neuen Clowns zu sehen, denn diese haben sich das Erbe ihrer Vorgänger angeeignet, für sich passend gemacht und weiterentwickelt. Nur sie können im Lichte der Scheinwerfer mit ihren auf das Publikum antwortenden Gesten und Worten den alten Zauber immer wieder neu aufleben lassen, den die unvergessenen Clowns für ihr Publikum dargestellt haben.

Toni Meissner

„Nit möööööglich!" Charles Adrian Wettach alias „Grock"

Als am 14. Juli 1959 der berühmte Clown Dr. h.c. Adrian Wettach in seinem Schloß bei Oneglia an der italienischen Riviera gestorben war, erschienen zahlreiche Nachrufe in den deutschen Zeitungen mit der gleichen Schlagzeile: „Grock tot? Nit möööööglich!" Grocks weltberühmt und sprichwörtlich gewordener Ausruf, mit dem er signalisierte, daß Applaus angebracht und erwünscht sei, war zeitlebens sein Markenzeichen, und so versäumte es kaum einer seiner Bewunderer, ihm sein unverwechselbares „Nit möööööglich" nachzurufen.

Grock hatte bereits als über 70jähriger mehrere letzte, dann 1954 in Hamburg die allerletzte und schließlich 1956 im italienischen Fernsehen die unwiderruflich letzte Vorstellung gegeben. Dabei hatte er stets noch große körperliche Gewandtheit bewiesen. Bis zum Schluß bot er Artistisches, vor allem den erstaunlichen Sprung auf die Stuhllehne. Ihm hatte die ganze Welt applaudiert. Seine Klasse wurde niemals angezweifelt. Obwohl er zwanzig Jahre tot ist, wird von ihm noch geredet. Sein Name steht für den Clown schlechthin. Was war an ihm so außerordentlich?

Er vereinte alle Tugenden des Spaßmachers von Niveau und Geschmack in sich, die Grobheit des dummen August und die Zartheit und Eleganz des weißen Clowns. Er war stolpernder Tollpatsch und zugleich Artist, der die Gesetze der Schwerkraft zu überwinden schien. Er war Poet und Virtuose, der dreizehn Instrumente spielte,

darunter die Geige, und zwar auch, was ihm niemand nachmachte, während des Vorwärts- und Rückwärtssaltos. Da er alle seine vielfältigen Begabungen während eines 70-Minuten-Auftritts miteinander verschmelzen und effektvoll präsentieren konnte, wurde er Grock.
Grock hatte alles, was einen Clown ausmacht, er hatte das Kindlich-Heitere, das Lärmend-Polternde, er hatte die leisen Töne und die lauten, einen Hauch Melancholie und die ganze Palette von Angst und Trauer, Freude und Triumph. Das Vorherrschende war seine Lebensfreude, die sich immer wieder in einem alpenländischen Schuhplattler-Tanz mit lauten Juchzern ekstasisch entlud.
Seine Szenen waren Parabeln. Parabeln auf die Tücke des Objekts und des Zufalls, auf Glück und Unglück, Schmerz und Lust auf die Widersprüchlichkeit des Lebens. Eben noch stolperte er gleichsam über einen Strohhalm, im nächsten Augenblick aber flog er schon über die höchste Hürde. Er gestaltete den Aberwitz und das Absurde, er bot Gleichnisse von der menschlichen Existenz. Wer einmal seine berühmte große Nummer erlebt hat, wird die Verzauberung, die von ihm ausging, nie vergessen:
Grock, kalkweiß geschminktes Gesicht unter einer helmartigen grauen Filzkappe, rechts und links überschminkter Lachmund, betritt die Manege. Seine großkarierte Jacek ist mit einer riesigen Sicherheitsnadel zusammengehalten. Darunter trägt er eine falsche Hemdbrust, die sackartige, viel zu weite Hose flattert. In den größten jemals gefertigten Clownsschuhen latscht er auf einen Flügel zu, vor dem ein Stuhl steht. Mit sich schleppt er einen gewaltigen Koffer, dem er alsbald eine winzig kleine Geige entnimmt. Mit gezierten großen Virtuosen-Gesten beginnt er seinen Vortrag. Das Vorspiel zu „La Traviata".
Seine Mimik folgt genau dem Charakter der Musik. Da hält er plötzlich inne, legt die Mini-Geige auf den Stuhl, verschwindet hinter dem Vorhang, macht sich da einen Augenblick zu schaffen. Kommt wieder, beginnt zu spielen, spielt virtuos.
Aber etwas stimmt da nicht. Da bemerkt er, daß er seitenverkehrt gespielt hat, die Geige rechts ansetzte und mit der linken Hand den Bogen führt: „Nit mööööglich!" Schön möglich, aber unendlich schwierig.
Dann spielt er das Bandoneon, die komplizierteste, 144tönige Harmonika. Dafür setzt er sich auf den Stuhl, findet das unbequem und springt mit beiden Beinen auf die Sitzfläche, Die bricht krachend durch, und Grock steht mit seinen riesigen Latschen im Stuhlrahmen auf dem Boden der Manege. Zu dumm! Aber da springt er mit einem

Satz auf die Stuhllehne, wo er sichtlich bequem sitzt und musiziert: „Nit mööööglich!“ Dann wieder ein virtuoses Geigensolo, schluchzende Kantilenen, Doppelgriffe, Spiccato, Pizzicato. Ihm ist das alles nicht virtuos genug, deshalb riskiert er eine artistische Einlage, die zunächst wenig von sich hermacht: An passender Stelle wirft er den Geigenbogen in die Luft, versucht ihn aufzufangen, greift aber daneben. Auch beim zweiten-, dritten– und viertenmal. Deshalb wird der Künstler böse, das muß er noch üben. Am besten gleich hinter dem Vorhang. Und dort fliegt, für das Publikum sichtbar, immer wieder der Bogen in die Höhe und fällt nicht auf den Boden. Wenn's nicht darauf ankommt, klappt die Sache. Strahlend latscht Grock wieder zur Manegenmitte und zeigt nun, was er gelernt hat. Nichts! Denn der Trick geht daneben, immer und immer wieder, bis der Virtuose es wütend aufgibt und nur noch spielt. Er spielt brillant, hingebungsvoll, selbstvergessen – und merkt gar nicht, daß er unversehens wieder den Bogen hochwirft und sicher wieder auffängt: „Nit mööööglich...“
Nach dem Gleichnis von der Macht des Unbewußten ein Exkurs über Linksdenkerei: Grock will Klavier spielen, aber der Stuhl steht so weit vom Flügel weg, daß seine Arme nicht bis zu den Tasten reichen. Da muß etwas geschehen. Also versucht er den Flügel zum Stuhl zu rükken. Er schafft es unter gewaltiger Anstrengung und freut sich diebisch, daß es gelungen ist. Vor Freude klettert er auf den hochgestellten Flügeldeckel und benutzt ihn als Rutschbahn. Und gleich noch einmal, weil's so schön war ...
Das alles wirkt so hinreißend, weil der in seiner aberwitzigen Kleidung herumwatschelnde unbeholfen wirkende Mann sich bei jedem Trick in einen federnden Artisten verwandelt. Noch in seinem letzten Lebensjahr hat er den verblüffenden Sprung auf die Stuhllehne vorgeführt.

Artist wurde der am 10. Oktober 1880 in Reconvillier, einem kleinen Ort im Schweizer Jura, geborene Adrian Wettach bereits im Alter von sieben Jahren. Sein Vater, ein verhinderter Trapezkünstler, der in der Uhrenindustrie arbeitete, weil er seiner gutbürgerlichen Frau eine solide Existenz bieten wollte, versuchte sich auch immer wieder einmal als Gastwirt und Cafétier, als der er dem Bankrott freilich stets nahe war.
Sohn Adrian und seine Geschwister, ein Bruder und drei Schwestern, wuchsen in einer intakten Familie auf, in der die Kinder von klein auf gefordert, aber auch gefördert wurden. Das prägende Erlebnis des kleinen Adrian war ein Circusbesuch im Alter von sieben Jahren, im

Circus Ricono-Wetzel, in dem einst sein Vater als Trapezkünstler gearbeitet hatte. Adrian war von den Artisten und Clowns so hingerissen, daß er die zirsensischen Künste fortan wie besessen übte. Grimassenschneiden, Kopfstehen, Jonglieren, auf den Händen laufen, Kautschukübungen, die Verrenkungen der Schlangenmenschen. Hinzukam Klavier- und Geigenunterricht. Die beiden ältesten Kinder – Adrian und seine Schwester Jeanne – erwiesen sich als musikalisch so begabt, daß sie nach Jahresfrist schon die Gäste im väterlichen Café unterhalten konnten.

Grock hat in seinen Erinnerungsbüchern erzählt, wie er seine angeborenen Talente durch unabhängiges Üben ausgeformt und gesteigert hat. Seine Musikalität schlug Kapriolen ins Exzentrische beim Spielen auf ungleich gefüllten Gläsern und Flaschen. Er übte ausdauernd Klavier, Geige, Xylophon, Holzharfe und das Schellen-Spiel.

Ebenso ernst nahm er das Akrobatische. Im Handstand war er bald so sicher, daß er ihn eines Tages auf einem Brückengeländer am Bieler Centralplatz vorführte. Nur durch rasche Flucht konnte er sich dabei vor Passanten retten, die das Kabinettstück als gotteslästerlichen Frevel beurteilten. Später, als Zehnjähriger hatte er das Balancegefühl eines Seiltänzers. Er konnte kilometerweit auf jenen dünnen Profileisen balancieren, mit denen öffentliche Anlagen eingezäunt werden. Sein Vater förderte die Begabung mit einem auf dem Hof gespannten Drahtseil, das zunächst in einem Meter Höhe, dann drei Meter hoch angebracht, die schwierigen Bedingungen eines Schlappseils bot. Nach ein paar Wochen bewegte sich Adrian darauf so sicher wie ein zirkusreifer Artist. Ohne Balancierstange lief er vorwärts und rückwärts, drehte er sich, gelangen ihm sogar Sprünge.

Sein erster öffentlicher Auftritt hat sich in der Erinnerung des alten Grock so abgespielt: Der bekannte Seiltänzer Louis Bourquin, damals schon ein wenig jenseits der besten Mannes- und Artistenjahre, wollte ein paar Kunststücke auf dem hohen Seil vorführen und während den Pausen den kleinen Wettach auf einem Podium unterm Seil seine musikalischen Spässe machen lassen. Aber als das Seil in acht Meter Höhe über den Bieler Neumarkt gespannt war, stellte sich heraus, daß das Sicherheits-Netz bis zum Vorstellungsbeginn nicht mehr angebracht werden konnte. Ohne Netz zu arbeiten – das Risiko wollte der alternde Artist Bourquin aber nicht mehr eingehen. An seiner Stelle ging der zwölfjährige Adrian Wettach übers Hochseil, einmal hin und einmal her, wobei er sich verkrampfte und mit der Balance auch die Stange verlor, sich aber, gewandt am Seil hangelnd, in Sicherheit bringen

28 Der berühmte Schweizer Musikalclown Grock, mit bürgerlichem Namen Adrian Wettach (1880 – 1959), der mit seinem weltweit belachten Entrée „Nit möööööglich“ die Zuschauer mitriß.

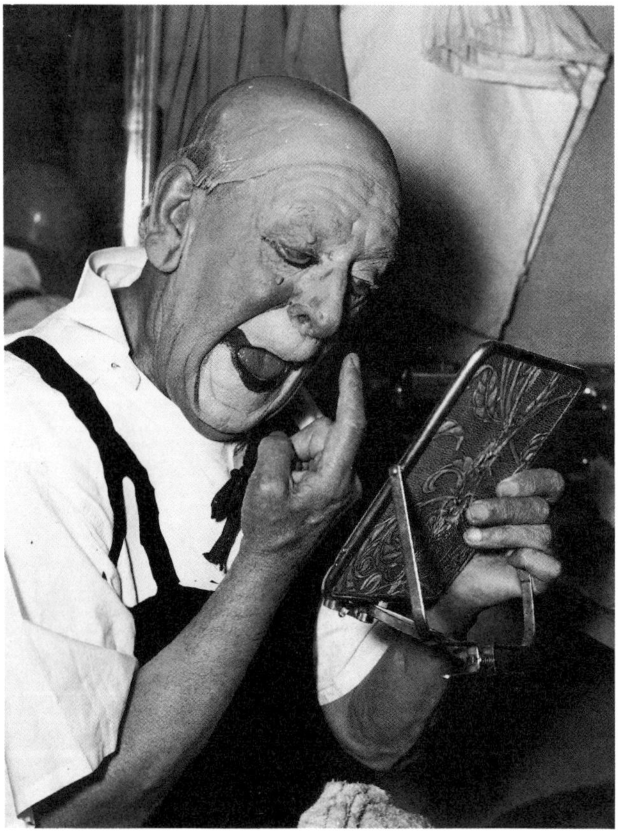

29, 30, 31, 32 Adrian Wettach verwandelt sich in Grock.

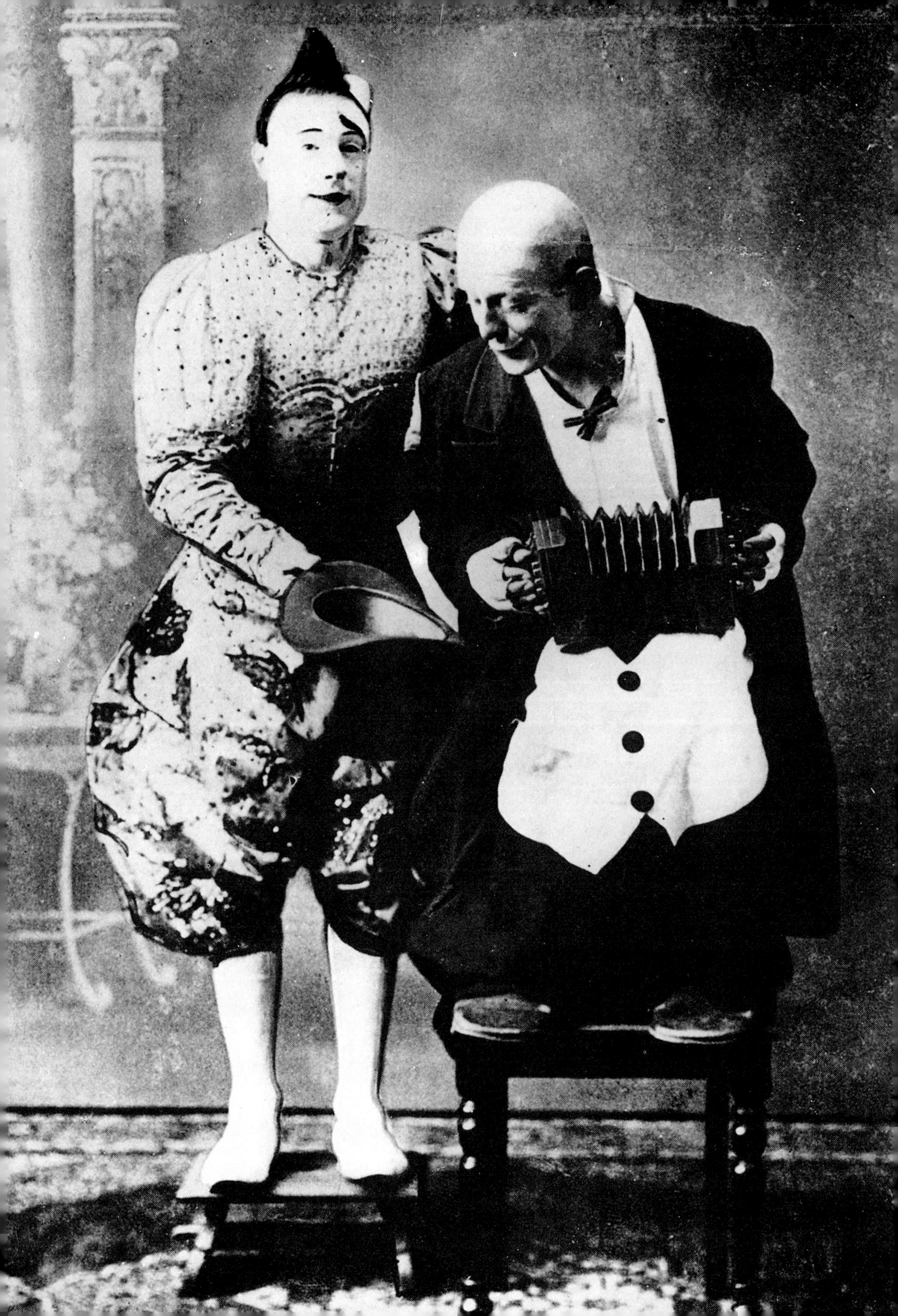

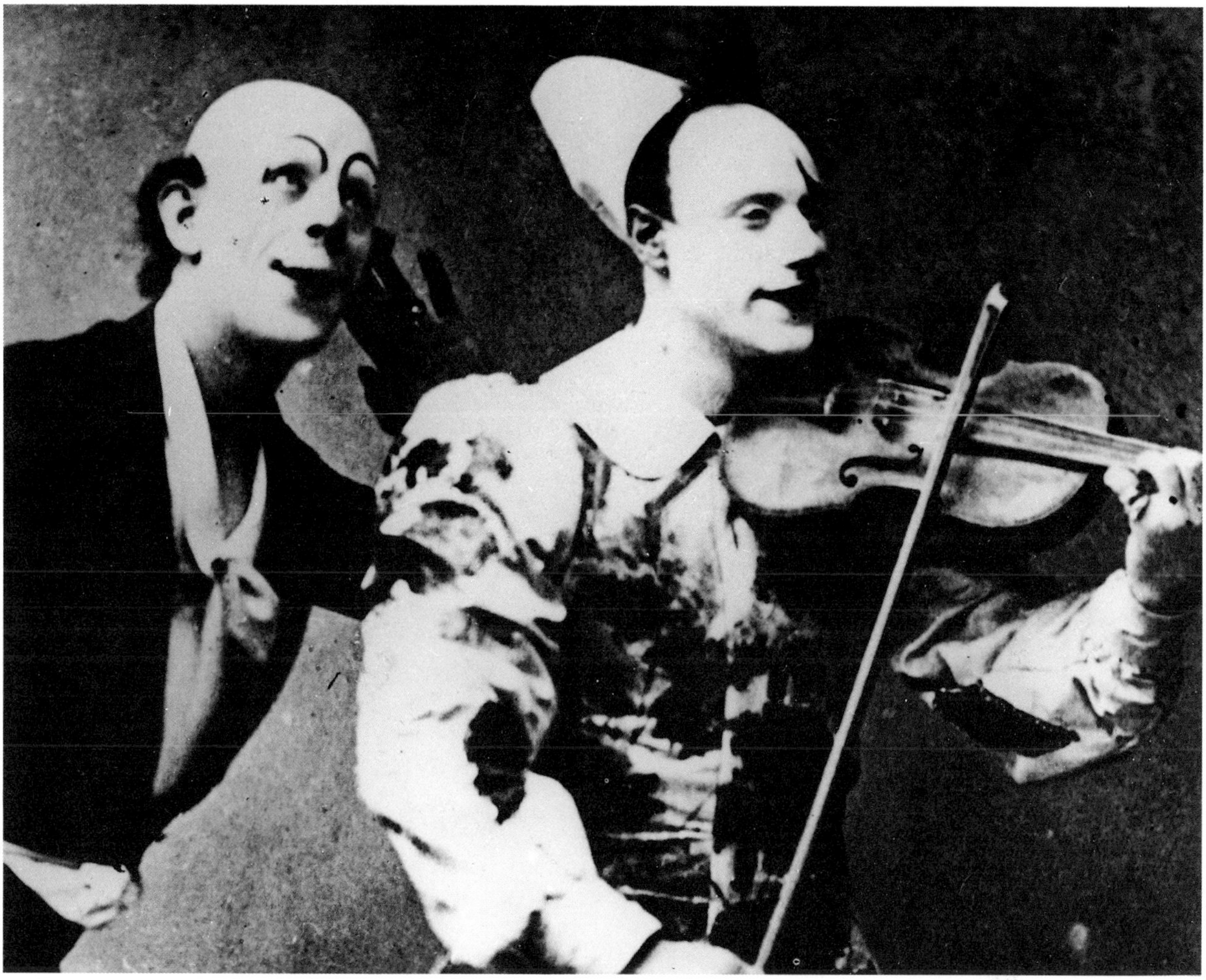

34 Antonet machte aus dem ungebärdigen Schweizer Spaßmacher und Possenreißer Grock einen Clown mit Stil und Niveau.

◀ *33* Zur großen Clowns-Sensation wurde Grock an der Seite des vor dem Ersten Weltkrieg weithin berühmten Antonet (Umberto Guillaume). Aufnahme ca. 1909.

35 Grocks Auftritt im Wintergarten in Berlin, 1912.

36 Berühmt wurden Grocks Nummern mit Partner im Frack. Hier im Wintergarten in Berlin, 1914.

37, 38, 39, 40 Grock, der Musikalclown, als Geigenvirtuose, mit dem Bandoneon und am Klavier. Foto: S. Richter.

40a Grock wird von seinem Publikum begeistert gefeiert.

41a Eines der zahlreichen Plakate zu Grocks Auftritten. ▶

GROCK
Luzern

konnte. Und ist es nicht wahr, so ist es doch gut erfunden. Der Weltruhm braucht seine Legenden ...
Eine andere Legende, die gar in die „offiziellen" Lebensläufe einging, erzählt, daß schon der Siebenjährige als „Schlangenmensch" im Circus Wetzel aufgetreten und sieben Jahre mit ihm herumgezogen sei. Tatsache ist, daß er davon geträumt hat, aber natürlich bei seiner Familie blieb und brav zur Schule ging. Das Familienleben war unstet genug. Vater Wettach hielt es nicht lange an einem Ort, spätestens nach zwei Jahren zog die Familie – fahrendes Volk ohne Wohnwagen – von einem Ort zum anderen um.
Wettach junior verdiente vom zwölften Lebensjahr an gelegentlich Geld. Etwa, als er beim Circus Wetzel für einen ausgefallenen Klavierspieler einsprang und mit viel Gefühl, aber nicht der gleichen Treffsicherheit, in die Tasten griff. „Ich war kein Rubinstein", erzählte er später, „aber ich bekam ja auch nicht Rubinsteins Gage."
Immerhin zeigte der junge Grock schon Besessenheit und Vision, die wichtigsten Voraussetzungen eines jeden großen Erfolges. Sein Vater, der wieder einmal pleite war, hatte einen schäbigen Landgasthof in Villiers gepachtet, der den hochstaplerischen Namen „Hotel de Cerf" führte. In dessen großer Gaststube fanden fortan „Varietékonzerte des bekannten Musikers und Artisten Wettach jr." statt. So stand es an der Tür und auf Plakaten, die der Junior-Künstler selbst gemalt und im Dorf verteilt hatte. Der Erfolg der Werbeaktion war mäßig, die Besucherzahlen blieben hinter seinen Erwartungen weit zurück. Sie wechselten „zwischen einem und mehreren", die zum Wein oder Bier, nicht zum Varietékonzert gekommen waren. Einerlei, die Gäste amüsierten sich über den kleinen Possenreißer, fühlten und honorierten seinen Feuereifer, gaben Applaus und ein Trinkgeld dazu.
Und dann schon, o Wunder, ein erstes Engagement mit richtiggehendem Vertrag: Ein Freund des Vaters, Cafétier aus Le Locle, der Uhrenstadt an der französischen Grenze, verpflichtete die Geschwister Adrian und Jeanne Wettach in sein Lokal zur Unterhaltung der Gäste. Gage 15 Franken pro Abend, und nach jedem Vortrag durften die beiden mit dem Teller im Lokal umhergehen und kassieren ...
Die Gesamteinnahmen von drei Tagen, 205 Franken – im Jahre 1896 ein erkleckliches Sümmchen – retteten den Vater vor neuerlicher Pleite, führten aber andererseits zu einem mißglückten Start ins Berufsleben: Von ihrem Erfolg berauscht und den stolzen Eltern ermuntert, machten sich Adrian und Jeanne zu einer tollkühnen Tournee durch die Schweiz auf, „gastierten" in Zürich, Bern, Schaffhausen, St. Gallen,

◀ *41* Der große Clown Grock ist müde geworden. 1954 beschließt er, mit seinem Gastspiel in Hamburg seine Laufbahn zu beenden. Die unwiderruflich letzte Vorstellung gab er jedoch 1956 im italienischen Fernsehen.

Biel. Wenn auch nur in den Hinterzimmern drittklassiger Lokale und für Gagen, mit denen sie nicht einmal ihren Hunger stillen konnten. Völlig heruntergekommen und entmutigt kehrten die beiden noch nicht Vierzehnjährigen schleunigst wieder in den Schoß der Familie zurück. Aus war der Traum von der großen Karriere. Was aber sollte aus dem gescheiterten Artisten Adrian werden? Etwas ganz Ordentliches nach Schweizer Art, also Lehrling in einer Uhrenfabrik.
Die folgenden Jahre beschrieb Grock als eine einzige Kette von enttäuschten Hoffnungen. Nirgendwo hielt er es länger als einige Wochen oder Monate aus. Nach sechs Wochen schon ade Uhrenfabrik. Nicht länger quälte er sich und seinen Onkel als Lehrling in dessen Weinhandlung. Dann schmiß ihn ein monströs dickes Cafétiers-Ehepaar hinaus, weil er die Fettmassen der badenden Lehrherrin durchs Schlüsselloch befeixt hatte. Als Piccolo in einem Genfer Hotel war er ebenfalls kein Schlager.
Endlich hatten die Eltern ein Einsehen: Die Mutter beantwortete eine Zeitungsannonce, in der der ungarische Graf Bethlen einen französisch sprechenden „Au-pair-Jungen" für seine drei Söhne suchte. Adrian bekam die Stelle, reiste, noch nicht sechzehn Jahre alt, ins ferne Maros-Gesze in Siebenbürgen, wo er vor der Freitreppe des gräflichen Schlosses mit einem Rückwärtssalto aus der Kutsche sprang: „Grüezi!" Und siehe da, das artistische Entrée war nach dem Geschmack seiner Gastgeber, sie akzeptierten ihn als eine Art Familien-Clown, der für Stimmung sorgte. Adrian nahm fortan teil an den mondänen Zerstreuungen der Jeunesse dorée die ihn als ebenbürtig behandelte, weil er auf den Händen laufen und so gut Grimassen schneiden konnte. Noch im Alter erzählte er stolz von einem akrobatischen Husarenstück, das er damals in Ungarn vollführte: Um seinen Freunden zu imponieren, riskierte er auf einem hohen, noch dazu rauchenden Schornstein einen Handstand. Erst als die jungen Grafen fließend französisch – und er ungarisch – konversieren konnten, verließ er die Familie, gemäß dem Familienrhythmus nach zwei Jahren.
Der Umstand, daß Graf Bethlen später Ministerpräsident von Ungarn wurde, trug Grock seinen Doktor honoris causa ein. Die ungarischen Spektabilitäten waren von ihrem Landesvater nicht schlecht beraten. Der Doktor ehrenhalber Adrian Wettach war zwar nicht im üblichen Sinne „doctus", gelehrt, aber er lehrte ganze Clowns-Generationen, welche Möglichkeiten in ihrem Metier stecken. Und Ehre hat er der Spaßmacherzunft ohnehin sein ganzes Leben lang gemacht.
Nach einigen Umwegen – Angestellter in einer Musikalienhandlung,

Mitglied einer mittelmäßigen Unterhaltungskapelle – war er dann endlich wieder auf seinem, auf dem richtigen Weg. Aber es ging zunächst nur langsam bergauf. Das erste wirkliche Engagement bei einem Circus, in dem er als einer von zwei „Alfredianos", einer musikalisch-artistischen Clonwsnummer, auftrat, brachte nichts außer einer kleinen Gage, freilich auch ein erstes amouröses Abenteuer: Er verliebte sich in Adelaide, die Frau eines versoffenen Feuerfressers. Die Affäre endete mit einem Boxkampf Clown gegen Feuerfresser und wenig später auf melodramatische Weise tödlich: Adelaide wurde auf nächtlicher Schlittenfahrt übers tiefverschneite Land samt Pferd und Gatten von Wölfen gefressen.

Und noch ein Umweg auf dem Weg zum Ruhm: Im schlimmen Winter des Jahres 1900 zog Wettach als ambulanter Klavierstimmer und -reparateur übers Land und gab der ungarischen Hausmusik Auftrieb, indem er, vor allem auf Schlössern, die mottenzerfressenen Auflagen der Klavier-Hämmer mit zerschnittenen Filzhüten ausbesserte.

Dann aber die eigentliche Circus-Karriere. Er begann sie als zweiter Mann in einer musikalischen Clown-Nummer mit einem Partner namens Spitz. Aber der erste Mann ließ den zweiten sitzen, sobald er selber ausreichend gut Xylophon spielen konnte. Der zweite Mann ärgerte sich darüber so, daß er Gelbsucht bekam.

Ein anderer Circus, ein anderer Partner. Im Circus Buro arbeitete Wettach mit Achille Conché eine Nummer aus, die in einem Salto von den Schultern des Partners gipfelte, wobei der Springer sein Geigensolo nicht unterbrach. Die Nummer hätte zur Sensation werden können, wenn Conché nicht an Gehirnanämie gelitten hätte. Schon beim vierten Auftritt gab der kranke Untermann beim Absprung nach, und der Geigensolist landete krachend auf dem Rücken. Paradoxerweise war es dieser böse Sturz, der Wettach endgültig auf die Beine stellte und auch zu seinem späteren Namen verhalf:

Ein berühmtes Clowns-Paar namens „Brick und Brock", das im damals renommierten Schweizer Nationalcircus auftrat, hatte sich getrennt. Brick hatte von dem Salto gehört, und Wettach konnte für Brock einspringen. Er wollte zwar dessen Part, nicht aber dessen Namen übernehmen, probierte das Alphabet durch und entschied sich für „Grock".

Am 1. Oktober 1903 traten „Brick und Grock" zum erstenmal im Schweizer Nationalcircus auf und feierten Triumphe. Sie nahmen an einer Tournee durch ganz Europa teil und festigten ihren Ruf, die besten Musikal-Exzentrik-Clowns zu sein, auch auf einer anschließenden Tournee durch Argentinien. Brick war, wie Grock zugab, einzigartig. Aber Grock, damals fünfundzwanzig Jahre alt, erwarb sich den Ruf, der beste Springer unter den bekannten Clowns zu sein. Das fuchste Brick, und es kam zu einem unter rivalisierenden Artisten nicht unüblichen „Auftritt": Ohrfeige wegen nichtigem Anlaß, Brick schlug Grock knockout und kündigte ihm mit den Worten: „Hau ab! Ohne mich bist du eine Null" die Partnerschaft. Es kam anders. Brick verlor mit dem Partner die Linie, trat nicht mehr auf, resignierte.

Duplizität der Ereignisse: Auch die nächste Partnerschaft Grocks endete mit einem Niederschlag. Er arbeitete damals für kurze Zeit als August mit einem Clown, der manisch-depressiv war und während einer Vorstellung einen Anfall bekam, sich als „Kaiser Wilhelm" gebärdete, das Publikum beschimpfte und schließlich mit dem Messer auf seinen Partner losging. Als Grock den Irrsinnigen niederschlug und an den Füßen hinausschleifte, applaudierte das Publikum wie wahnsinnig.

Endgültig zur großen Clowns-Sensation wurde Grock aber erst an der Seite des vor dem Ersten Weltkrieg weithin berühmten Umberto Guillaume, der sich „Antonet" nannte. Der aus alter italienischer Clownsfamilie stammende Antonet formte während einer längeren Trainingszeit in Marseille Grock, den Artisten, der so gut musizieren und so große Sprünge machen konnte, in einen Clown um, der körperliche Gewandtheit und musikalisches Können fortan nur noch der clownesken Wirkung des Auftritts unterordnete. Mit anderen Worten: Aus dem ungebärdigen Schweizer Spaßmacher und Possenreißer Grock wurde ein Clown mit Stil und Niveau.

An der Seite Antonets erlebte Grock in Spanien, dem klassischen Land der Clowns, seine erste Ovation des Publikums: In Barcelona war er erstmals mit weißer Glatzenperücke und „Schweinskopf" aufgetreten und hatte mit Antonet die in Marseille trainierten Tricks und Dialoge präsentiert. Nach dem letzten Auftritt riß es das Publikum von den Sitzen, minutenlanger Jubel signalisierte, daß die ganz große Nummer gelungen war.

Die sich anschließende Spanientournee wurde zum Triumphzug. Überall volle Häuser, die Kritiken überschlugen sich. Von dem Erfolg angespornt gaben Antonet und Partner in Estremadura eine zusätzliche, weitgehend improvisierte Vorstellung als komische Stierkämpfer in der städtischen Arena. Dabei riskierten sie ein tödliches Spiel mit einem Stier, den der blitzschnelle Grock allein müde machte. Er zog ihn am Schwanz, sprang auf seinen Rücken und stoppte ihn mehrmals

im Stil des sprichwörtlich unerschütterlichen „Don Tancredo“, was eine Mutprobe sondergleichen bedeutete. Das Husarenstück in Grocks eigenen Worten: „Ein ‚Don Tancredo‘ stellt sich hin und läßt den wütenden Stier seelenruhig auf sich zugaloppieren. Und wenn er sich wirklich nicht bewegt – stoppt der Stier unweigerlich dicht vor ihm ab. Aber er darf sich eben nicht bewegen, nicht im geringsten. Dann nämlich glaubt der Stier, der Don Tancredo sei so etwas Ähnliches wie ein Baum und hat keine Lust sich an diesem Baum die Hörner abzustoßen ... Was soll ich Ihnen sagen! Dreimal habe ich dem Stier einen Don Tancredo hingestellt, der noch heute dasteht. Ich war meiner Theorie so sicher, daß der Stier jedesmal vor mir anhielt...“ Aber bevor das von Grock gehetzte Tier von Antonet, der in seiner Jugend Stierkämpfer war, den Todesstoß bekam, zerschlitzte es noch Don Tancredos Hose samt der von ihr bedeckten Hautpartie.
Grock trat in den folgenden Jahren zunächst noch mit Partner, dann aber auch schon allein auf. Berühmt wurden seine Nummern mit Partner im Frack, der als Inkarnation der Welt-Vernunft figurierte, aber auf die nur scheinbar kindlich-naiven Fragen keine rechten Antworten zu geben wußte. Grocks langgedehntes „Waruuuuum?“ wurde von da an nicht minder beklatscht als sein „Nit möööööglich!“, das er mit sicherem Instinkt für die Wirkung auch improvisierend einsetzte: Ein kleines Mädchen rennt nach dem Schlußapplaus Grock bis an den Manegenvorhang nach und ruft für alle hörbar: „Bitte, bitte, mach noch etwas!“ Und Grock streichelt der Kleinen übers Haar und sagt unendlich traurig: „Nit möööööglich!“
Noch vor dem Ersten Weltkrieg bereiste der nun schon Prominente die halbe Welt, Amerika, Rußland, Europa, einschließlich der drei skandinavischen Länder. Seine Vorstellungen in der Berliner „Scala“ oder im „Wintergarten“ waren wochenlang ausverkauft. Seine Gagen erreichten schwindelerregende Höhen.
Erstaunlich dabei war, daß seine körperliche Gewandtheit – er war damals schon über fünfzig – nicht nachzulassen schien. Er sprang immer noch so ferdernd und kühn wie als junger Mann, und er spielte immer noch alle seine Instrumente, vor allem die winzige Geige. Inzwischen spielte er sie nur noch mit weißen Handschuhen. Denn bei einer mißglückten Warzenoperation in Berlin hatten ihm Röntgenstrahlen eine tiefe Wunde in den linken Handrücken gebrannt und dabei den kleinen und den Ringfinger praktisch gelähmt. Aber niemand hat je bemerkt, daß er – Artist auch in dieser Hinsicht – seine Instrumente nur noch mit drei Fingern der linken Hand spielen konnte.

Grock blieb, wie übrigens auch Charlie Rivel, zeitlebens in der absoluten Spitzenklasse. Das lag einerseits daran, daß er seinen Weltruhm genoß und sich deshalb den täglichen Zwängen der Übung und des Trainings mit fast religiöser Hingabe unterwarf. Dabei hat andererseits auch sein Verhältnis zum Geld eine Rolle gespielt. Als echtem Schweizer bedeutete es ihm ohnehin viel und als Sohn einer Familie, die stets nur am Rande des Bankrotts gelebt hatte, alles. Großzügig war er nur der geliebten Mutter gegenüber. Selbst in Zeiten, da er 40 000 Franken und mehr pro Monat verdiente, konnte er in Tränen ausbrechen, wenn er beim Kartenspiel mit Kollegen 50 Rappen verlor. Wenn es um Gagen ging, war er ein stahlharter Geschäftsmann, der stets bis an die Grenzen des Möglichen ging.

Als er 1931 mit dem Tonfilm „Grock", für den er das Textbuch geschrieben hatte und in dem er auch selbst auftrat, sein halbes Vermögen verlor, trafen ihn die Verluste bis ins Mark. Mit Gagenhöchstforderungen – damals schon bis 2 500 Mark pro Abend! – und noch mehr Auftritten, baute er sich rasch ein neues Vermögen auf. Schließlich war er sogar in der Lage, sich ein Schloß (in Oneglia bei San Remo) und gar eine Fabrik zu kaufen.

Zwei andere Grock-Filme – „Manege frei" (1948) und „Au revoir, Monsieur Grock" (1949) – waren erfolgreich. Der eigene Circus, den er 1951 gründete, existierte bis zu Grocks Abschiedsvorstellung im Jahre 1954 und bestand noch drei Jahre weiter unter dem Namen „Circus-Varieté-Collien". Grock, schon zu Lebzeiten legendär, als „König der Clowns" gerühmt, dem die Könige und Präsidenten applaudierten, der angeblich sogar das versteinerte Herz Hitlers rührte, war zeitlebens ein glücklicher Mensch. Er widerlegte die Auffassung, daß die professionellen Spaßmacher im Grunde ihres Wesens todernste Menschen seien und keinen Spaß verstünden, mit einem unverbesserlichen Optimismus. Das bestätigten alle, die ihn gekannt haben, und das läßt sich auch aus seinen Memoiren schließen, die er unter dem Titel „Ich lebe gern" 1926 und in erweiterter Fassung 1956 (neuer Titel: „Nit möööööglich") erscheinen ließ. Er war psychisch und physisch bis ins hohe Alter kerngesund. Dann wurde sein Herz schwächer. Gelegentlich litt er an Schlaflosigkeit infolge von Arbeitsüberlastung. Mit seinen Schlafstörungen verbindet sich auch die beste aller Grock-Anekdoten:

Als er in London einen Arzt konsultierte, weil er nicht einschlafen konnte, gab ihm dieser den guten Rat, ins Coliseum zu gehen – und sich den berühmten Clown Grock anzusehen: „Das wird Sie so ent-

spannen, daß Sie wie ein Murmeltier schlafen.“ Darauf der Patient: „Mir wird das nicht helfen, ich bin Grock.“
Den Sinn aus dem Unsinn zu destillieren, die Heiterkeit aus der Melancholie, das Absurde des Lebens durch Beschwörung zu bannen – das war es, was diesen heiteren Philosophen der Überkugelung und der traumhaft sicheren Balance so einmalig machte. „Zwar ist es leicht, doch ist das Leichte schwer.“ Er hat Goethe vermutlich nur dem Namen nach gekannt, denn Clowns lesen notorisch wenig, sie haben die Weisheit im Blut. Sein Leben war die Bestätigung dafür, daß dem wahrhaft Besessenen nichts mißlingt. Sein Tod hatte etwas Symbolisches: 79jährig kletterte er auf einen Feigenbaum, um ein Insektennest zu zerstören, verlor die Balance, stürzte und starb an den Folgen des Sturzes.

Toni Meissner

Variationen über das Scheitern: Charlie Rivel

In der Tür des an die Manege gefahrenen Circuswagens erscheint der Clown. Scheinwerfer übergießen ihn mit Licht, Beifall braust auf. Der Clown steht ruhig da, regungslos, sprachlos, ein Denkmal des ewigen Clowns und der guten alten Circuszeit, nicht zuletzt ein Denkmal seiner selbst, des großen, des wunderbaren Charlie Rivel.

Der Clown ist knapp 1,60 Meter groß. In seinem grell geschminkten Gesicht glüht eine feuerrote Nase, die mit „Knolle“ nur unzulänglich bezeichnet wäre, weil sie würfelförmig und zudem aus Metall geformt ist. Feuerrot ist auch der Haarkranz, der eine spiegelnde Glatze umgibt. Die Schultern des Clowns sind auffallend schmal, seine Arme kurz, dafür schwillt der Bizeps zu Pampelmusengröße auf.

Der Clown ist gekleidet wie eine komische Alte. Er trägt ein rotes Trikot, das sich nicht zwischen Kleid und Hemd entscheiden kann. Vorne wird es durch einen fußballförmigen Bauch, hinten durch ein seltsam in die Luft gerecktes muskulöses Hinterteil ausgebeult. In Wadenhöhe ist irgend etwas große Sprünge Hemmendes um die Beine geschlungen, das Straucheln, Taumeln, Stürzen erwarten läßt.

Jetzt löst sich der Clown aus seiner Erstarrung. Vorsichtig, fast unbeholfen steigt er die drei Treppen hinunter. In der einen Hand hält er ein spanisches Stühlchen, in der anderen eine Gitarre. Auf dem Manegenboden gut angekommen bewegt er sich mit dem Watschelgang eines Pinguins zur Mitte hin, wo er Stuhl und Gitarre, seine beiden

„Partner", mit viel Fürsorglichkeit abstellt. Der Beifall schwillt an. Der Clown leitet ihn mit großen Gesten auf Stuhl und Gitarre ab. Da das Händeklatschen aber kein Ende nehmen will, formt sich in seinem Kopf allmählich der Gedanke aus, daß die Ovation ihm selbst gelten könnte. Darüber wundert er sich, staunt er, Schüchternheit überfällt ihn, er ist geschmeichelt, ziert sich, macht einen feinen Diener, wobei sich absurderweise, logischerweise eine Schuhspitze aufrichtet. Das wundert, erfreut, begeistert ihn so, daß er plötzlich nicht mehr weiß, welche Bewandtnis es mit dem Stuhl hat, der da steht.

Der Clown staunt abermals, er umwatschelt das rätselhafte Objekt, schaut es sich ganz genau an. Zu irgend etwas muß das Ding doch gut sein. Ach ja, zum Draufsitzen. Aber wie? Der Clown entschließt sich, es einmal auszuprobieren. Unendlich vorsichtig und umständlich „besteigt" er den Stuhl, was sichtlich eine Expedition ins Ungewisse ist. Dann, endlich, ist es geschafft, triumphierend sitzt er auf der hohen Lehne.

Aber jetzt, wo er so hoch da droben thront, fällt sein Blick auf die von hier unerreichbare Gitarre, so tief da drunten. Die braucht er, muß er unbedingt haben, trotz der Schwierigkeiten, die der Abstieg bringen wird. Wie kam er da herauf, wie kommt er hinunter? Kein Herz hat, wer dem Hilflosen da nicht auf den sicheren Manegenboden helfen möchte. Endlich ist es geschafft, aber nun muß er wieder hinauf. Also da capo, das Ganze noch einmal von vorn ...

Das Zeitlupengeschehen ist bar jeder äußeren Dramatik, hat dafür um so mehr innere Komik, die kaum analysierbar ist. Man hat die Nummer als ein Beispiel für „die Tücke des Objekts" genannt. Aber da ist nichts tückisch. Was daran so fasziniert, ist das Sich-Wundern des Clowns über Selbstverständliches, Alltägliches. So etwa entdeckt ein kleines Kind die Welt und versucht, sich darin zurechtzufinden. Alle Erfahrung, alle Erkenntnis ist mühsam, will gemacht, will errungen sein. Das Staunen über ein Phänomen ist ein philosophischer Ansatz, der erste Schritt zur Erkenntnis.

Der Entdeckungsreisende durch die rätselhafte Welt des Banalen bemerkt unversehens etwas für den Zuschauer Unsichtbares, irgend etwas Winziges, offenbar Schmutziges an seinem Kostüm, was seine Aufmerksamkeit völlig gefangen nimmt. Zunächst wundert er, dann windet er sich, ist auf das peinlichste berührt, ist fassungslos ratlos, verzweifelt – bis er sich urplötzlich einer anderen Rätselhaftigkeit zuwendet, um davon ebenso berührt, bekümmert, fasziniert zu sein. Denn er hat nur heftige Gefühle. Und wenn eine Balance mit dem

Stuhl zunächst gelingt, dann aber schiefgeht, ist der Triumph des Augenblicks ebenso vollkommen wie die Enttäuschung über das Mißlingen abgrundtief. Sie drückt sich in einem jaulenden, nicht endenwollenden, herzzerreißenden, alle Schattierungen des Schmerzes und der Wut enthaltenden Klagelied aus, das sich zunehmend ins Groteske, zur großen Weltschmerzarie steigert, zu einer Vokal-Burleske sondergleichen. Der Clown als Darsteller großer, reiner, kindlicher Gefühle, des Menschlichen schlechthin ...

Charlie Rivel wird zumeist in einem Atemzug mit Grock genannt, dem er bis zu dessen Tod im Jahre 1959 in Freundschaft verbunden war. Als Rivel in der Mitte der fünfziger Jahre schon abgetreten war, hat ihn Grock zu einem Comeback überredet, wofür er ihm heute noch dankbar ist.

Was die beiden über ihresgleichen hinaushob, sie zu Königen unter den Clowns nobilitierte, war, neben der überragenden artistischen Leistung, die Fähigkeit, menschliche Erfahrungen zu transzendieren. Beide konnten im Besonderen das Allgemeine sichtbar machen, in der Ausnahme die Regel – und umgekehrt.

Beider Gemüt war vorwiegend heiter, aber der heiterere von beiden war Rivel. Grock stimmte die dreizehn Instrumente, die er beherrschte, gelegentlich auch einmal in Moll, Rivel schlug nur heitere Dur-Töne an. In ihm feierten der „dumme" und der „lustige" Clown herzlich-fröhliche Urständ. Grock ging jederzeit übers Exzentrische hinaus bis zum Grotesken, aber scheute die Klamotte. Rivel liebte sie. Berühmt wurde seine Parodie auf die singende Primadonna, deren Luftballonbusen den Blick auf die Noten verstellt und sie immer kläglicher danebensingt, bis einer der Luftballons platzt. Zu dieser Komik à la Charlies Tante hat sich Grock nie hinreißen lassen ...

Die Lebensgeschichte des am 23. April 1896 im kleinen katalanischen Dorf Cubellas, sechzig Kilometer von Barcelona, geborenen José-Andreu Lasserre ist nicht zu trennen von der seiner Familie. Vierzig Jahre lang steht der Name Lasserre/Rivel für die Teamleistung einer spanischen Akrobaten-Familie, die als geschlossene Truppe auftrat und wie Pech und Schwefel zusammenhielt. Bis eines Tages der Name Charlie Rivel der Familie viel zu groß gedruckt erschien und es zum großen Auftritt, einmal nicht in der Manege, sondern in einem Frankfurter Gerichtssaal kam. Über die Umstände seiner Geburt hat Charlie Rivel später eine sehr hübsche Version verbreitet, die zwar nicht wahr ist, aber doch hübsch erfunden:

Seine hochschwangere Mutter, so der 80jährige, habe damals, an jenem

Apriltag in Cubellas auf dem Seil gearbeitet, sei dabei von den Wehen überrascht worden und zu Boden gestürzt. „Die Leute waren böse und wollten ihr Geld zurück. Aber ein kleines Mädchen hat gefragt: ‚Was ist mit der Frau?‘ Und mein Vater hat geantwortet: ‚Sie bekommt ein Baby!‘ Da ist das Mädchen nach Hause gelaufen und hat die ganze Geschichte seiner Mutter erzählt. Die Frau war sehr freundlich und hat meine Mutter ins Haus genommen, in ein leeres weißes Zimmer, Schinken und Würste hingen von der Decke. Da bin ich zur Welt gekommen ...“

Da Charlie zeit seines Lebens weitaus mehr Muskeln als Gedächtnis hatte, darf man einer anderen, gleichsam „offizielleren“ Version mehr Glaubwürdigkeit beimessen. In seinen in den dreißiger Jahren in schwedischer Sprache erschienenen Erinnerungen tritt seine Mutter Maria Luisa Lasserre als „blendend schöne Kunstreiterin der Truppe“ auf, stürzt sie auch nicht vom Seil, sondern bringt den kleinen José nicht minder stilvoll im Circuswagen zur Welt.

Doch wie das mit seiner Geburt und seiner Mutter auch immer gewesen sein mag, kein Zweifel kann darüber bestehen, daß José-Andreu reines Artistenblut in den Adern hatte, daß er ein echtes Circuskind war und das milieutypische Schicksal erlitt: Die Familie Lasserre brachte sich damals vor der Jahrhundertwende mehr schlecht als recht über die Runden, bekam nur gelegentlich einmal ein Engagement in einem Provinzcircus, tingelte häufig allein in einem von einer Schindmähre gezogenen armseligen Circuswagen durch die Lande, vor allem durch Nordspanien und Südfrankreich:

„Zwei kleine Räder vorn, zwei große hinten, Tür, Fenster und an der einen Schmalseite ein Sitz für den Kutscher auf dem Wagendach“, beschreibt er sein Zuhause während der ersten Lebensjahre. „Im Wageninnern waren an der hinteren Schmalseite zwei Pritschen übereinander. Im oberen Bett schliefen mein Vater und meine Mutter, im unteren ich selbst und meine Großmutter, die damals mit unserer Truppe reiste. Als später meine Schwester Nena geboren wurde, mußte sie in einer kleinen Wiege auf dem Fußboden liegen, der, nebenbei gesagt, nicht größer als 3 auf 1,75 Meter war. Im übrigen bestand die Möblierung aus einem Tisch, drei Stühlen und einem Herd, dessen schwarzer Schornstein durch das Wagendach lugte. Vor den Fenstern standen kleine Blumentöpfe hinter hübschen bunten Gardinen.“

Als weiterer Mitbewohner der fünfeinhalb Meter großen Wohnung kam eines Tages auch noch ein Fohlen hinzu, das während der stundenlangen Nachtfahrten neben Nenas Wiege lag, weil es noch zu klein war, um neben der braven Stute Bichet, seiner Mutter, einherzutrotten.

Der kleine José war damals schon Mitglied der Truppe. Kaum zwei Jahre alt focht er, als Stierkämpfer herausgeputzt, während der Pausen mit einem Holzdegen gegen aufgeregt herumflatternde Hähne komische Duelle aus. Wenig später, im Alter von etwa drei Jahren, trat er als „starker Mann“ auf, der riesige Pappgewichte mit der Aufschrift „1 000 Kilo“ so glaubwürdig ächzend emporstemmte, daß das Publikum vor Vergnügen gluckste. Die von den Zuschauern als Dank in die Manege geworfenen Münzen und Süßigkeiten durfte er freilich nicht für sich behalten. Das Geld kam in die Circuskasse, und die Süßigkeiten wurden vor der nächsten Vorstellung am Circuseingang verkauft. Sie flogen nicht selten abermals in die Manege, wo sie der kleine Athlet auf einen kleinen Schubkarren lud, um sie abermals dem lukrativen Kreislauf zuzuführen.

Zehn Jahre war José-Andreu alt, als ihm Direktor Lambert prophezeite, daß er einmal ein großer Clown werden würde. Sein erster Auftritt gab tatsächlich Anlaß zu dieser Hoffnung. Der als „weißer Clown“ und komischer Kunstschütze arbeitende Lambert ließ José für einen erkrankten erwachsenen Partner einspringen, und dabei stellte sich heraus, daß der Ersatzmann besser ankam als die normale Besetzung. Die Nummer war einfach, aber wirkungsvoll.

Der Meisterschütze wendet sich an einen Manegediener: „Ich brauche eine sehr, sehr mutige Person, die mir beim Präzisionsschießen assistiert. Sie muß eine Kugel, die ich abfeuere, mit dem Mund auffangen.“ Der Diener salutiert: „Eine solche mutige Person kenne ich, ich gehe sie holen.“ Und Sekunden später kommt er mit dem kleinen José zurück, der einen viel zu großen Anzug trägt: „Hier ist die mutige Person.“

„Haben Sie wirklich keine Angst?“ fragt der Kunstschütze den Kleinen. Der schüttelt heftig den Kopf, zittert aber am ganzen Leib. „Wenn Sie keine Angst haben, warum zittern Sie dann so?“ – „Ich friere“, sagt die mutige Person und erntet für die Antwort donnernden Applaus.

Da der Junge die nicht ganz einfache Nummer – er muß vor Angst schlottern, allerlei Ausreden finden und schließlich die Kugel, die er natürlich schon im Mund hat, noch vor dem Schuß des Präzisionsschützen ausspucken – mit Bravour absolviert, bleibt der Auftritt lange im Programm und wird immer stürmisch beklatscht.

Zu dieser Zeit, im Alter von zehn Jahren, konnte José zwar schon den

Salto mortale und allerlei andere Kunststücke, sowie auch schon perfekt den dummen August spielen – nur lesen und schreiben konnte er noch nicht. An die folgende Zeit hat er sich später ungern erinnert. Da der Circus nie lange an einem Ort bliebt, bekam er alle drei Tage bei einem anderen Dorfschullehrer Unterricht. Morgens vor und nachmittags nach dem Unterricht ging selbstverständlich das Dauertraining in der Manege weiter und bis spät in die Nacht das Instrumenten-Üben.

Die Lasserres waren inzwischen eine sechsköpfige Truppe. Außer José trat die ein Jahr jüngere Nena auf, dazu gehörten auch die jüngeren Brüder Polo und René und schließlich auch noch Celito und Roger. Das Team schlug sich tapfer, die heranwachsenden Söhne erwiesen sich als begabt und dem Vater, der ein vorzüglicher Trapezkünstler und Jongleur war, bald ebenbürtig. Vor allem José kam beim Publikum gut an. Er arbeitete mit Nena am Trapez und mit Vorliebe als August. Er war damals vierzehn, Nena dreizehn, Polo elf Jahre alt.

Der Aufstieg zum Weltruhm beginnt mit einem Engagement im Pariser Palais de l'Etoile, wo die meisten Artisten ohne Gage arbeiten, weil sie die Chance haben, von einem der einflußreichen Impresarios entdeckt zu werden. Und die Lasserres werden entdeckt. Sie bekommen ein erstes gutes Engagement an das damals renommierte Varieté „Folies-Bergère" in Brüssel, wo sie Erfolg haben und weitere gute Angebote. Beim nächsten Engagement in Gent treten sie im gleichen Programm wie das Clownsduo „Billy Reeve und Partner" auf. Reeve ist der Star, der namenlose Partner, der als „betrunkener Gentleman" über die Bühne taumelt, heißt Charlie Chaplin und ist völlig unbekannt. Rivel später: „Ich habe damals nicht ahnen können, welche Rolle er spielen sollte – in meinem Leben und in der Welt!"

Damals, kurz vor dem Ersten Weltkrieg, gelang den „Circuszigeunern" Lasserre der Sprung aus der Manege auf die Bühne. Sie genossen den Erfolg, sie lebten fortan nicht mehr nur im Wohnwagen, sondern immer öfter in richtiggehenden Hotels. Als Nena an Typhus mit der Komplikation einer Lungenentzündung starb, wurde der Artist Gabriel Valerni engagiert, damit die Trapeznummer nicht ausfallen mußte. Gabriel arbeitete nicht schlecht, aber er gehörte nicht zur Familie.

Jahre vergingen, und José verbesserte seine akrobatischen Nummern ebenso wie er sein komisches Talent ausformte. Inspiriert von einem Chaplin-Film, in dem er die Maske und Masche des ehemaligen Kollegen bewundert hatte, trat er bald am Trapez mit kleinem Schnurr-

bärtchen und Melone auf. Chaplin war inzwischen als Filmkomiker schon weltbekannt.
José-Andreu kam bei seiner Nummer zustatten, daß Chaplin damals von zahlreichen Clowns imitiert wurde und daß die Zeitungen übereinstimmend der Meinung waren, er, José Lasserre sei der beste aller Nachahmer. Die Nummer wurde zum dauerhaften Erfolg, und auch der Einspruch des Originals gegen die Nachahmung, die von einem Gericht abgewiesen wurde, tat dem Ruhm des „spanischen Chaplin" keinen Abbruch.
Nicht minder erfolgreich war José als chaplinesker Stierkämpfer in Asturien. Wie sein großes Vorbild watschelte er stöckchenschwingend und hütchenlüftend in kleinen Schritten durch die Arena, was nicht ungefährlich war, weil ihn die großen Schuhe an schneller Flucht hinderten. „Ich war in diesem Augenblick genau jene Mischung aus Heroismus und Hase, die das innerste Wesen der Chaplin-Figur ausmacht", erzählte er später. Immerhin rammte der heroische Hase dem Stier gekonnt den Degen ins Herz und wurde unter unbeschreiblichem Jubel auf den Schultern seiner Verehrer aus der Arena getragen.
Der Auftritt als komischer Torero war ein Meilenstein in seinem Leben: Während der Pause rauchte er nicht nur seine erste Zigarette (die er schleunigst verschwinden ließ, als sich das Familienoberhaupt, Vater Pedro, näherte), zur gleichen Stunde machte er auch seiner Angebeteten Carmen Busto, einer Artistin, das erste Geschenk in Form einer Konfektschachtel. Seit langem ebenso heimlich wie hoffnungslos in sie verliebt, erfüllt ihn plötzlich der Mut eines Espada. Einige Zeit später wird in Valencia, wo gerade fünf Circusunternehmen gastieren, eine große Hochzeit gefeiert: Vierhundert Gäste sind geladen, als er der 19jährigen Carmen Busto-Rinke, der Tochter eines spanisch-deutschen Artistenehepaars, die Hand fürs Leben reicht.
Das war 1920, als José 24 Jahre alt war und sich nach seinem großen Vorbild schon „Charlie" Rivel nannte. Die Lasserres waren damals längst eine zirzensische Institution, sie hatten schon ein eigenes Unternehmen, den Circus „Reina Victoria", sie konnten leben. Wer weiß, wie groß und erfolgreich ihr Circus noch geworden wäre, wenn Sohn Polo nicht in den Krieg gegen die Rifkabylen hätte ziehen müssen! Denn daß sie den Kleinen, der noch dazu ein so guter Clown und „Flieger" ist, nicht allein nach Spanisch-Marokko ziehen lassen konnten, das war für die Lasserres sofort beschlossene Sache:
Der in zwei klapperige Omnibusse verladene Familiencircus setzt übers Meer seinem Sohn Polo nach, rattert über unwegsame Straßen,

über denen bleischwer die Hitze flimmert, von Kaff zu Kaff und gibt vor zumeist leeren Rängen eine Vorstellung nach der anderen. Nach einer Vorstellung fürs tapfere Militär kommt Charlie mit einem jungen Offizier ins Gespräch, der noch viel von sich reden machen sollte. Sein Name ist Francisco Franco ...
Das marokkanische Abenteuer erweist sich als Fehlschlag auf der ganzen Linie. Der Entschluß, es so bald wie möglich zu beenden, wird durch ein Blutbad in Tetuan beschleunigt, dem die Familie wie durch ein Wunder glücklich entgeht. Ein paar Tage später schon setzen die Omnibusse per Schiff nach Portugal über, wo die Luft weniger eisenhaltig ist. Von da geht's nach Bordeaux. Und zwar schon mit einer kleineren Truppe, weil „Reina Victoria" sich nicht mehr trägt. Richtig bankrott geht er freilich nicht, die Lasserres sind gute Geschäftsleute und machen Schluß, bevor es zu spät ist.
Und wieder ist es Paris, wo sich das Schicksal der Familie zum Besseren wendet: Unter den Zuschauern im Cirque d'Hiver sitzt kein geringerer als der Varieté-Gewaltige Bertram Mills. Ihm gefallen die Lasserres so, daß er sie in London haben will, koste es, was es wolle. Es kostet ihn die Kleinigkeit von 1 500 Mark pro Woche, damals eine Spitzengage. Die Verhandlungen hat zum erstenmal Charlie geführt, und zwar sehr zum Erstaunen von Papa Pedro, der gar nicht wußte, daß man auch handeln kann. Von Stund an überläßt er seinem ältesten Sohn alles Geschäftliche, worunter allerdings nur das Feilschen zu verstehen ist. Der eigentliche „Chef" bleibt Vater Pedro, auch wenn Charlie längst der Star der Truppe ist.
London und die anschließende Tournee durch die großen Städte im Süden wurden ein einziger Siegeszug. Anschließend ging's wieder zurück auf den Kontinent, und zwar geradewegs an die berühmte Berliner „Scala". Dort regierte der in Varieté-Kreisen legendäre Direktor Jules Marx. Ihm verdankte Charlie auch seine später so berühmt gewordene Trademark „Akrobat schööön!": Bei der großen Akrobatik-Nummer hatte sich Marcel schon am ersten Abend bei einem doppelten Salto mortale einen Fuß verstaucht und fiel für einige Tage aus. Als Charlie und Marx berieten, was man anstelle der Akrobatik bieten könne, kam es zu folgendem Wortwechsel:
„Wir haben eine akrobatische Clownsnummer", sagte Charlie, „könnten wir die nicht einsetzen?"
„Schön", antwortete der Direktor.
Da Charlie nicht Deutsch sprach, begriff er nicht, was dieses „Schön" bedeutete und wiederholte seinen Vorschlag: „Akrobat ..."

„Schön", antwortete abermals der Direktor. Damit war klar, daß die Clownsnummer in Ordnung ging, was sich für Charlie mit der Formel „Akrobat schön" verband.

Am nächsten Abend brachten Polo, René und Charlie das Entrée der lange nicht mehr vorgeführten Clownsnummer: „Wir bliesen eine Riesentrompete und spielten eine Miniaturgeige und führten alle Tricks und Späße vor, die zu der Nummer gehörten. Die Leute lachten und klatschten, aber richtig in Schwung kam das Ganze nicht, bis René, der weiße Clown, den Vorschlag machte: ‚Charlie, Akrobat ...' – und ich genau wie Direktor Marx antwortete: ‚Schööön!" Das Resultat war ein unerhörter Jubel im Publikum. Der Direktor mußte etwas ungemein Lustiges und Schlagfertiges gesagt haben, dachte ich. Und so wiederholte ich mein ‚Schööön', sobald sich die Gelegenheit ergab. Mit jedem Mal zog ich es mehr in die Länge, und jedesmal war die Heiterkeit größer."

Dabei lag es, wie sich bald herausstellen sollte, nicht an dem Wohllaut des Wortes „schööön", was das Entzücken beim Publikum hervorrief. Denn der Schlachtruf, den Charlie von nun an leitmotivisch bei allen Auftritten einsetzte, erwies sich auch in anderen Sprachen als Lachschlager. In Spanien hatte er mit „Akrobat liiindo!", in Italien mit „Akrobat beeello!" und in anderen Ländern mit „Akrobat ooohhh!" den gleichen Erfolg.

Um dieses 1931 kreierte „Akrobat schööön!", Charlies bald inernational bekannte Handelsmarke, sollte es ein paar Jahre später zum Streit, ja zum Prozeß mit der übrigen Familie kommen: Der Rivels-Clan, der sich ständig vergrößerte, weil die Söhne selbst schon Söhne hatten – Charlie war damals fast vierzig –, hatte die Armut und alle Schwierigkeiten auf das redlichste geteilt. Nun aber, da sie im Geld schwammen, fiel es ihnen immer schwerer, auch den Reichtum zu teilen.

Eine nicht geringe Rolle spielte dabei der auf spanische Art patriarchalische Vater Pedro. Obwohl Charlie längst Manager der Truppe war, hielt das Familienoberhaupt seine harte Artistenhand aufs Geld. Charlie hat später behauptet, er habe damals, zu Beginn der dreißiger Jahre, vom Vater nur ein Taschengeld von zwei Mark pro Tag bekommen. Da mag er übertrieben haben: Tatsache ist aber, daß es fürchterlichen Krach gab. Ausschlaggebend war dabei vor allem auch der persönliche Erfolg Charlies, der die eigentliche Attraktion der Truppe war. Daß sein Name auf den Plakaten stets doppelt so groß gedruckt war wie die Namen der anderen, erfüllte die Kleingedruckten mit zunehmenden Unbehagen. Eines Tages beschlossen sie, nicht mehr mit dem Großge-

42 Der berühmte Charlie Rivel (José-Andreu Lasserre), 1896 im katalanischen Dorf Cubellas geboren, vermochte mit einem Ausdruck des naiven Entzückens wie „Akrobat schöööön“ über Jahrzehnte hinweg Lachsalven im Publikum zu entfesseln.

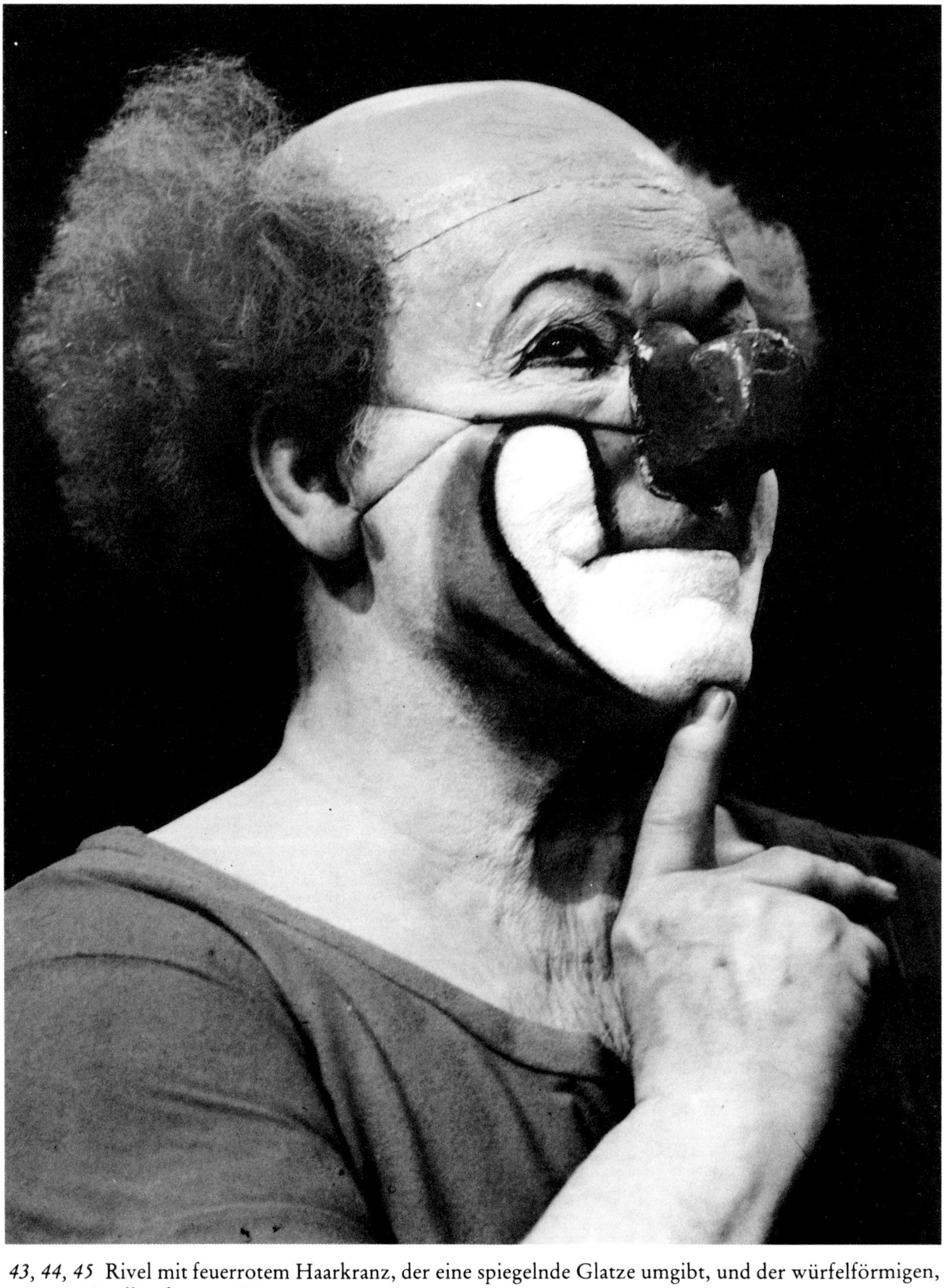

43, 44, 45 Rivel mit feuerrotem Haarkranz, der eine spiegelnde Glatze umgibt, und der würfelförmigen, aus Metall geformten Nase.

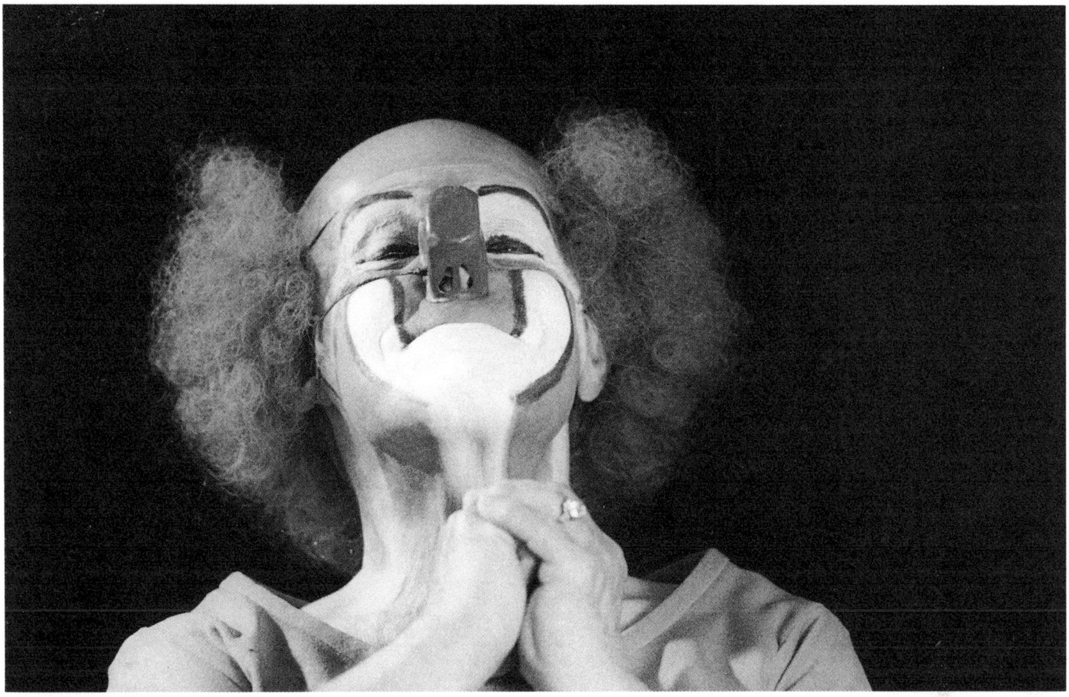

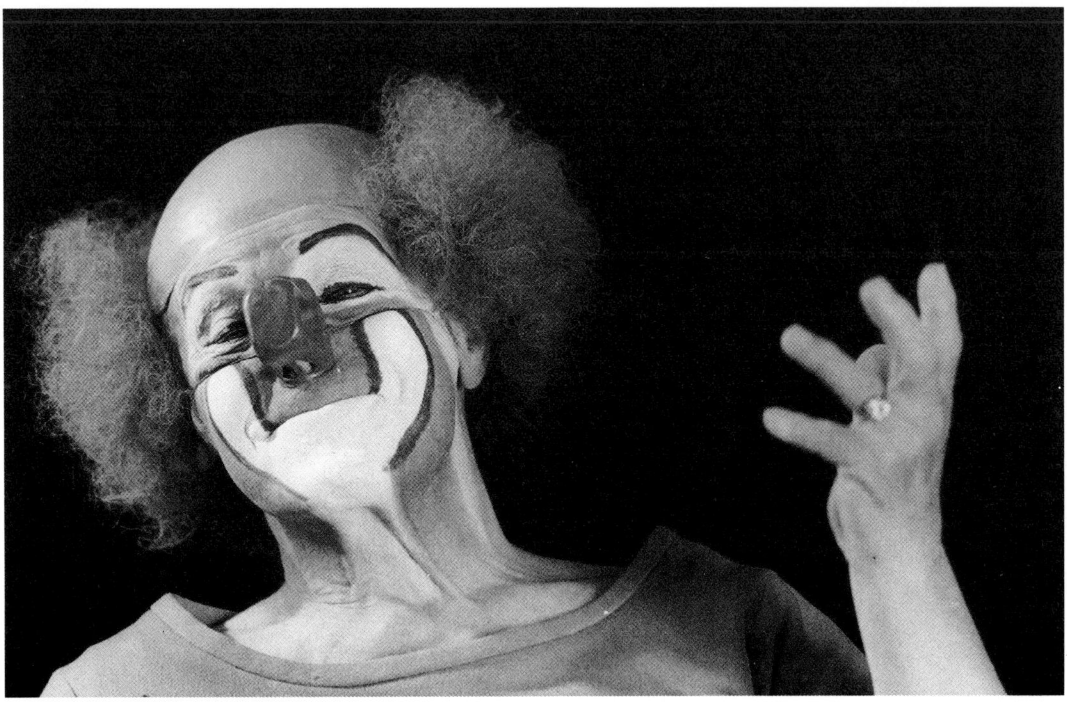

47 Charlie Rivel mit einem seiner zahlreichen Requisiten.

◀ *46* „Akrobat schööön!" – Eine Szene mit Charlie Chaplin in dem gleichnamigen Tonfilm (Tobis), der am 1. 12. 1943 im Alhambra-Theater am Kurfürstendamm in Berlin uraufgeführt wurde.

48 Fortan arbeitete Charlie Rivel nur noch mit seiner Frau Carmen und den Kindern Charlie jr., Valentino (beide auf dem Bild) und Juanito.

49 Charlie Rivel im Winter 1981 im Circus Krone, München. ▶

50, 51, 52 Noch heute ist Charlie Rivel Grock dafür dankbar, daß er ihn Mitte der fünfziger Jahre – als er schon abgetreten war – zu einem Comeback überredet hat. Hier Charlie Rivel als „Sängerin".

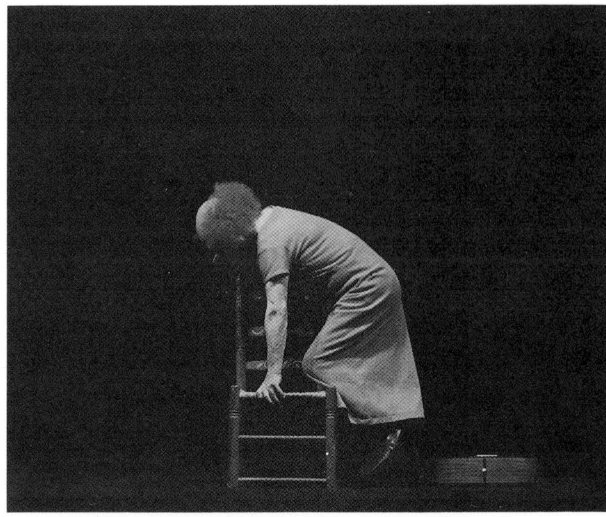

59 Charlie Rivel bei einem Gastspiel im Circus Krone in München in seinem legendär gewordenen roten Trikot.

◀ 53, 54, 55, 56, 57, 58 Seit Jahrzehnten begeistert Charlie Rivel das Publikum mit seinen Darbietungen.

druckten aufzutreten – es sei denn, er verpflichte sich, die Nummer „Akrobat schööön!" nicht mehr aufzuführen. Weil das nun wirklich zuviel verlangt war, kam es zur Klage und zum Prozeß, bei dem Charlie gegen den gesamten übrigen Clan kämpfen mußte, gegen Vater Pedro und Mutter Maria Luisa und gegen die Brüder Polo, René und Roger. Vor allem versuchte Charlie, den Namen „Rivel" für sich zu retten. Aber der Vater, der einen Verwandten des Namens „Riva" vorweisen konnte, reklamierte ihn erfolgreich für die Familie. Immerhin war der Frankfurter Landgerichtsrat so gnädig, die Nummer „Akrobat schööön" allein ihrem Erfinder zuzusprechen. Aber die vier Brüder pfiffen auf die Entscheidung und führten sie weiterhin, ohne Charlie, nach Herzenslust auf. Dafür arbeitete Charlie, von dem Gerichtsbeschluß völlig unbeeindruckt, als „Charlie Rivel" weiter. Die durch den Prozeß endgültig zerstrittene Familie versöhnte sich offenbar nie. Charlie hat seit dieser Zeit – der Prozeß fand im Jahr 1935 statt – angeblich kein Wort mehr mit seinen Eltern und Brüdern gesprochen ...

Der fortan nur noch mit Frau Carmen und den Kindern Pauline, Charlie jr., Valentino und Juanito arbeitende Charlie Rivel verkraftete die Trennung vom Clan seelisch schwer, beruflich um so leichter. Er engagierte neue Artisten, die die Parts der Brüder übernahmen, studierte neue Nummern ein. Berühmt wurde vor allem die Szene, in der fünf Artisten „Eine Brücke, eine Brücke, eine Brücke" bauen wollen, was natürlich trotz gewaltig umständlicher Vorbereitungen auf die komischste Weise schiefgeht. Wie überhaupt Variationen über das Scheitern seine eigentliche Spezialität werden. In einer seiner klassischen Solo-Nummern versucht er einen Trick am Trapez. Aber jedesmal, wenn er ansetzt, kommt ein Bühnenarbeiter mit einem langen Brett vorbei und stört ihn. Als der verhinderte Artist es zum fünftenmal probiert, bleibt der Störenfried aus – und der Trick mißlingt gerade deswegen ...

Besonders gefragt ist die neue Rivel-Truppe in Deutschland, wo sie von Flensburg bis München in jeder größeren Stadt gastiert, und in Skandinavien, vor allem in Schweden. Tochter Pauline gefällt in einer hinreißenden Josefine-Baker-Parodie, ihre Brüder mit perfekter Artistik, in der sie den Vater bald schon übertreffen. Im totalitären Hitler–Staat ist Charlie Rivel nun schon der „König der Clowns", dessen Popularität leicht mit der der großen Ufa-Stars wetteifern kann. Die Deutschen, die nun nichts mehr zu lachen haben, bringen ihm überall, wo er auftritt, besonders herzliche Ovationen entgegen. Nicht zuletzt,

◀ *60* Das Forum ist und bleibt das Manegenrund.

weil er, seinem Paß nach „neutraler Ausländer“, auch noch während des Krieges freiwillig nach Deutschland kommt, wo man mittlerweile schon sehr gefährlich lebt.
Am 9. März 1943 wird ihm das auf dramatische Weise bewußt. Die Rivels treten in Nürnberg auf, aber mitten in der Vorstellung muß Charlie an die Rampe treten und mit den Worten „Alarrm bittää“ die Zuschauer nach Hause schicken. In dieser Nacht greifen dreihundert britische Bomber die „Stadt der Reichsparteitage“ an und legen sie in Schutt und Asche. Sohn Juanito, der gerade am Blinddarm operiert wurde, übersteht den Angriff in einem Nürnberger Krankenhaus, die übrige Familie hat Todesangst in einem Luftschutzkeller.
Wie damals in Tetuan reisen die Rivels einige Tage später eilends ab. In Chennevière-sur-Marne, nicht weit von Paris, haben sie mittlerweile ein prächtiges Haus, fast ein Schloß, wo sie sich sicher fühlen können. Da die Kinder längst laufen gelernt haben und mit dem Namen Rivel wie mit einem Pfund wuchern können, beschließt Charlie 1943, seine Laufbahn zu beenden.
Den Entschluß hält er neun Jahre, bis 1952, durch. Aber dann kommt ein anderer Schloßbesitzer und berühmter Clown namens Grock und spricht die von Charlie überlieferten Worte: „Was fällt dir ein, hier herumzusitzen. Ich bin zwanzig Jahre älter als du und arbeite, obwohl es mir nicht leicht fällt. Mach, daß du auf die Bühne kommst, die Leute wollen lachen!“
Und Charlie gehorchte dem Befehl, er stieg als 56jähriger wieder in den Ring und feierte Triumphe. Noch drei Jahrzehnte lang wollten die Leute über ihn lachen. Mal mit, mal ohne die Familie arbeitend trat er in allen westlichen Ländern Europas auf und entzückte sein Publikum mit seinen längst klassisch gewordenen Variationen über das Scheitern. Auch als seine Frau Carmen nach 52 Jahren Ehe 1972 gestorben war, machte er unverdrossen weiter. Es gab schließlich auch keinen Anlaß aufzuhören, denn seine großen Nummern lebten ja längst von der rein clownesken Leistung, vom Charme ihrer Seinsgrübeleien, mittels deren er die ewigen Formeln des Clowns anwendete, die Tragikomödie „Mensch“ zur Aufführung brachte.
Heute lebt Charlie Rivel mit Vorliebe in Cubellas, seinem Geburtsort, wo er Ehrenbürger ist und wo auf dem Marktplatz ein sechs Meter hohes Denkmal steht, eines von dreien, die man ihm in Spanien errichtet hat. Eine Zeitlang hat ihn dort eine vierzig Jahre jüngere Münchnerin namens Gerti betreut, was Anlaß zu vielen „Ohos!“ in der Presse gegeben hat. Geheiratet hat er dann aber eine Landsmännin, die blonde

Spanierin Marguerita Sana. Bei der Hochzeit war er 85, sie 55 Jahre alt.

Obwohl er in den letzten Jahren, wie Kollege Grock, immer wieder den „letzten“ und danach den „allerletzten“ Auftritt angekündigt hat, arbeitet er noch als 86jähriger. Er faßt die Arbeit längst nicht mehr als Broterwerb auf, sondern als eine Sendung: „Ein guter Clown ist ein Heiliger“, sagte er in einem Interview, „weil er Gott bei seiner Arbeit hilft“.

Die rauschenden Erfolge, die zahlreichen Auszeichnungen – Ernst-Renz-Medaille und über zwanzig Orden jeglicher Klasse – haben sein Ansehen in schwindelerregende Höhen der Entertainer-Prominenz gehoben. Am nahesten fühlt er sich Charlie Chaplin verwandt: „Er war ein großer Clown“, urteilte er kürzlich, „er hat mit dem Herzen gespielt, genau wie ich: der kleine erbärmliche Mensch – wie hoffnungslos kämpft er gegen die komplizierte Welt! Immer wieder hofft er, immer wieder träumt er, und im nächsten Moment ist alles wieder kaputt ... Charlie Chaplin hat das recht gut gezeigt. Aber ich habe seine Stücke noch verbessert.“

War der auch bei sich selbst so berühmte Charlie Rivel unter den großen Clowns vielleicht gar der allergrößte? Es gibt ein Indiz dafür: Einst hat ihm der Münchner Komiker Karl Valentin ein Bombardon geschenkt, weil er sich halb tot gelacht hat wegen der Rivelschen Späße. Wenn aber selbst Valentin, den niemals jemand lachen sah, über ihn gelacht hat, dann muß es mit diesem Charlie Rivel zweifellos etwas ganz Besonderes auf sich gehabt haben.

Karl Hoche

Vom Chaplin-Imitator zum Volkskomiker: Karandasch

Michail Nikolajewitsch Rumjanzew, der sich später „Karandasch" (der kleine Bleistift) nannte, kam im wahrsten Sinne des Wortes von unten. Die Familie bewohnte nämlich nur einen Raum im Kellergeschoß eines Hauses in Petersburg (Leningrad). Wenn sich die Kinder aufreckten, sahen sie die Füße der Straßenpassanten. Häufige Überschwemmungen hielten die Wohnung ständig feucht. Im Jahre 1901 war er dort geboren worden. Sein Vater war Schlosser in einem Siemens-Werk. Als er sechs Jahre alt war, starb seine Mutter. Die neue Stiefmutter war recht geizig; die Kinder durften nur eine bestimmte Zeit draußen spielen, um ihre Kleider und Schuhe zu schonen. In der dreiklassigen Grundschule tobte dann der kleine Michail um so mehr herum und ließ sich alle möglichen Streiche einfallen. Die gestrenge Lehrerin gab dazu jedesmal einen giftigen Kommentar ab, der nur in einem Wort bestand: „Clown!"

Da er schon immer gern malte, wollte sein Vater, daß er bei Siemens technischer Zeichner werden sollte. Er kam auf eine Grafikschule, konnte aber in den wirren Zeiten seine Ausbildung nicht beenden. Um dem damals herrschenden Hunger zu entgehen, fuhr er in das Dorf, aus dem sein Vater gekommen war. Er war so abgemagert und zerlumpt, daß die Dorfkinder einen weiten Bogen um ihn machten.

An einem Kleinstadttheater wurde er Plakatmaler und übernahm alle Rollen außer denen auf der Bühne. Wann immer die Einnahmen des

Theaters wieder einmal ins Bodenlose gesunken waren, veranstaltete der Herr Direktor in den heiligen Hallen einen „Kostümball". Rumjanzew erhielt fast jedesmal einen Preis für die „Originalität" seines Kostüms. Beim letzten Fest dieser Art sollte sein Kostüm die Tatsache versinnbildlichen, daß das Theater völlig „abgebrannt" sei und den Verursacher dingfest machen. Das Kostüm war ein Ofen, aus dem der Maler oben zur Hälfte herausschaute. Auf dem Kopf hatte er eine Nachbildung des Theaterdachs. Auf Schultern und Hals standen kleine Platzanweiser, am Ofen mit gleichgültiger Miene der Theaterbösewicht, der Herr Direktor nämlich, der das Ganze – mit wenig Nachdruck – zu stützen suchte. Diese komplizierte Idee, die vermutlich niemand verstanden, und die – sollte sie verstanden worden sein – mit Sicherheit niemanden vom Stuhl gerissen hat, zeigt wie weit der Weg von der „Originalität" zu einer in sich schlüssigen, verständlichen, Identifikation und Sympathie erzeugenden Figur ist. Das Einfache ist immer das Schwere. Es hätte vieler Überlegungen, großer Erfahrung und vielleicht einiger Versuche bedurft, um die finanzielle Notlage des Stadttheaters und das Verursachen derselben durch den Herrn Direktor sinnfällig darzustellen. Rumjanzew stand am Anfang eines langen Weges.

Auf einem sehr viel kürzeren, nämlich einer Tournee, malte er in Twer, einer größeren Stadt, Probeplakate für ein Volksfest. Man nahm sie ihm ab, und er blieb in der Stadt für den Rest des Jahres. Danach fuhr er nach Moskau, um eine Arbeit als Filmplakate-Maler zu finden. Für das Kino „Ekran shisni" (Leinwand des Lebens) malte er gigantische Plakatfolgen. Am liebsten stellte er die Komiker dar, und von ihnen gefiel ihm am meisten Charlie Chaplin.

Nach der letzten Vorstellung tat er oft so, als müsse er noch im Kino arbeiten. Dann holte er sich alle Teppiche zusammen, legte sie aufeinander und übte darauf Purzelbäume und anderes, das er gesehen hatte. Eines Tages las er eine Anzeige, mit welcher die „Assoziation der Revolutionären Kinematographie" Nachwuchsschauspieler suchte. Rumjanzew bewarb sich. Man hielt ihn für talentiert, meinte aber, er sei „zu rohes Material", welches noch eine Menge Schliff brauche. Abgewiesen wurde er jedoch wegen fehlender Allgemeinbildung.

In der neu neu errichteten Circusschule fiel er zweimal bei der Aufnahmeprüfung für Akrobatik durch, insbesondere auch deshalb, weil er so klein war. Später nahm man ihn dann doch auf, und er kam immer nur mit Ach und Krach über die Runden. 1928 schickte die Schule ihre Eleven zu einem Praktikum aufs Land. Da man mit ihm nichts anfangen konnte, schlug man ihm vor, er solle als Clown auftreten. Kostüme gab es dafür nicht, er mußte sich aus dem Fundus etwas zusammensuchen. Er nahm eine rote Perücke, eine Melone mit einer Delle, Hosen mit blauen Karos, eine orangefarbene Jacke, auf die er sich dunkelblaue Taschen nähen ließ.

Ein erfolgloser Akrobat, der später ein berühmter Clown sein wird, bekommt per Zufall seinen ersten Clownsauftritt. Dem geneigten Publikum, das solches liest, läuft da schon das Wasser im Mund zusammen, denn es weiß, das ist jetzt der Durchbruch. Und da jeder, der sich für Clowns interessiert, sich mit seinem Helden zu identifizieren pflegt, darf er nun gleichsam mit ihm zusammen durchbrechen. Aber zu einer guten Clownsnummer gehört die Überraschung.

Rumjanzew brach mit dieser Nummer nicht durch, sondern ein. Aus lauter Unsicherheit spulte er so schnell wie möglich schon in der ersten Pause, die er füllen mußte, das wenige, was zu seinem Repertoire gehörte, ab und hatte dann nichts mehr anzubieten. Dazu kam, daß sein Kostüm nur ein wirrer Farbklecks war und keinen Typ schuf.

Der Clown litt sehr unter seiner Schüchternheit, er traute weder sich noch seinem Können genügend Wirksamkeit zu. Das wiederum schärfte seine Beobachtungsgabe; schüchtern sind wir in dieser oder jener Situation alle, und wieviele menschliche Gesten und Haltungen verdanken wir dieser Eigenschaft! Außerdem brachte sie ihn dazu, noch mehr über den Typ nachzudenken, den er schaffen und hinter dem er sich auch verstecken konnte. Ist der grell geschminkte und grell agierende Clown vielleicht nur ein besonders schüchterner Mensch, der in eine Maske schlüpft, um so stellvertretend für uns seine Befangenheit zu verlieren?

Die Circusschule, so wie sie ihm damals entgegentrat, beurteilt er nicht sehr gut. Sie hätte zu wenig Verbindung mit dem Leben gehabt, wäre zu sehr ein Insider-Zirkel gewesen. Die Lehrer hätten damals dem Heiteren noch eher hilflos gegenübergestanden und seien nicht in der Lage gewesen, komische Talente zu fördern. Nun ist allerdings Komik eine Eigenheit, die sowieso schwer in den Griff zu bekommen ist, ob man das nun in der Schule oder im Leben versucht. Man darf auch nicht vergessen, daß die Circusschule damals noch in ihren Geburtswehen lag, die unbestrittenen Leistungen des russischen Circus, insbesondere aber auch seiner Clowns, zeigen, daß die Lehrer im Lauf der Zeit eine Menge dazugelernt haben müssen.

In Moskau arbeitete damals ein Mann namens Hesselbard, der Charlie Chaplin imitierte; für ihn mußte Rumjanzew einspringen. Die Imitation der Imitation glückte nur mäßig, aber er blieb dabei, weil sie ihm doch einen gewissen Halt gab. Inzwischen feilte er ständig an seinem Typ und an den Gags. Er ließ sein Gesicht von allen Seiten fotografieren, um dessen Eigenheiten verstärken zu können. Aber es half nichts.

Während einer Vorstellung herrschte einmal eine brüllende Hitze. Rumjanew erschien mit Wassereimer, Handtuch und Birkenreisern, stieg hoch bis in die Galerie, wo es am heißesten war, und ging dort sozusagen in die Sauna. Die Leute lachten zwar, aber dann wandten sie sich wieder anderem zu. Der Clown hatte sie nicht fesseln können, völlig unbemerkt stieg er wieder von der Galerie herunter. Er kannte die Ursachen. Der Grundeinfall des Gags war gut, aber er war nicht ausgefeilt, nicht professionell gebracht, und es hatte ihm auf jeden Fall die Schlußpointe gefehlt.

Ganz schlimm erging es ihm einmal bei einer Premiere. In Saratow war ein Circus neu gebaut worden, und zur ersten Vorstellung kam nicht das typische „Circuspublikum". Es waren eher Leute, die das Gebäude bewunderten, hauptsächlich aber sich selbst im Glanz der neuen Attraktion sonnen wollten, Funktionäre, die in allen Ländern der Welt immer meinen, daß niemand anderer als sie selbst nun schon wieder eine Glanzleistung vollbracht hätten.

In den Pausen, in welchen er auftrat, hatten diese Leute etwas viel Interessanteres als seine lächerlichen Bemühungen, sie hatten einander entdeckt und führten die lebhaftesten Unterhaltungen. Nur gelegentlich warfen sie aus den Augenwinkeln einen kleinen Blick auf den Störenfried in der Manege, der dort sein Unwesen trieb. Später wurde es dann besser, als Besucher kamen, die wirklich ein Circusprogramm sehen wollten.

Aber auch wenn das Publikum ihn freundlich behandelte, wußte der Clown, daß weder von außen angeschminkte Merkmale noch komische Einfälle den Erfolg ausmachten, daß es vielmehr darauf ankam, mit einem klaren Konzept eine Figur aufzubauen, deren Handeln dann komisch wird, wenn sie mit der Außenwelt zusammenstößt. Aber noch war er ja Chaplin.

Die Künstler beuteten den guten Ruf, den Charlie Chaplin sich in langer Arbeit erworben hatte, rücksichtslos aus, und verwursteten dazu auch noch andere Namen. Es kam vor, daß Dreiergruppen auftraten, die sich „Charlie Chaplin, Pat und Patachon" nannten. Damit war mit einem Schlag dann gleich drei berühmten Figuren in der Manege das Lebenslicht ausgeblasen.

Bei einem Auftritt in Smolensk hatte Rumjanzew ein Schlüsselerlebnis. In der vorherigen Saison war dort ebenfalls ein Clown aufgetreten, der in der Maske Charlie Chaplins arbeitete. Das Publikum reagierte äußerst zäh, als es nun schon wieder einen Chaplin vor sich sah. Es wurde aber noch viel schlimmer. Der Circus hatte eine ausländische Athletengruppe zu einem Gastspiel eingeladen, die ihren eigenen Clown mitbrachte: Es war ein Chaplin! Das bedeutete, im gleichen Programm gab es jetzt einen Doppel-Charlie. Das waren nicht Clowns, sonder Klons. Das Publikum rieb sich die Augen und war dann doch eher ungehalten. Von da ab wußte Rumjanzew, daß er sich aus dem Würgegriff des Chaplin-Image lösen mußte, wenn er etwas werden wollte.

Der Gerechtigkeit halber muß jedoch gesagt werden, gar so weit hat er sich von ihm nicht entfernt. Der Hut war jetzt weich und aus Filz, da man ihn komisch verformen konnte. Der Anzug blieb schwarz, das Bärtchen teilte er in der Mitte, das Bambusrohr ersetzte er durch ein anderes Stöckchen. Allerdings paßte er sich dem Wetter an; war es kalt, trug er einen Schafspelz und Filzstiefel; schien die Sonne, staffierte er sich ebenso furchtbar aus wie der typische Sommertourist und hatte damit schon beim Hereinkommen die Lacher auf seiner Seite.

Ob er sich bei dieser Gelegenheit sein neues Alter zugelegt hat (er hätte dann wohl mit Chaplin zugleich eine Midlife Crisis überwunden), weiß man nicht. Der 1901 Geborene gibt sein Geburtsjahr mit 1906 an. Auf jeden Fall mußte er ein neues Pseudonym finden. Vergeblich arbeitete er Zeitungsannoncen durch, in denen er einen brauchbaren Namen aufzustöbern hoffte. Bei einem Museumsbesuch sah er sich Karikaturen aus Frankreich an, die von einem russischstämmigen Künstler kamen, der das russische Wort für Bleistift „Karandasch“ recht witzig in „Caran d'Ache“ französisiert und zu seinem Künstlernamen gemacht hatte. Das Wort gefiel Rumjanzew, da es viele Untertöne hatte. Es steckte darin das „Mit-dem-Bleistift-Aufspießen“ des Karikaturisten ebenso wie das, was man früher bei uns mit dem Wort „Stift“ meinte, wenn man wohlwollend-herablassend einen „Azubi“ anredete.

So langsam setzte sich der neue Typ mit dem neuen Namen durch. Die Leute begannen zu honorieren, daß Karandasch auf die uralten, abgedroschenen, angeblich todsicheren Clownsgags verzichtete und statt dessen versuchte, Neues zu bringen, Alltagsbeobachtungen umzusetzen. Was er sah, trug er in ein Tagebuch ein, um es später einmal verwerten zu können. Er probierte auch aus, ob das Inszenieren von russischen Redewendungen ankam. Die Russen sagen beispielswiese von jemand, der sehr schnell läuft, „Der rennt ja, daß ihm die Hacken blitzen!" So passierte es, daß eines Tages lauter kleine Glühbirnchen an den Absätzen von Karandasch aufblitzten, als dieser einmal in der Manege ausriß. Die Zuschauer zeigten sich angetan.

Große Probleme bringen immer die Parodien vorhergehender Circusnummern (ein Teil der „Reprisen" des „Reprisenclowns"). Diese werden oft ausgewechselt, umgestellt und geändert; wer da mithalten will, muß fleißig und flexibel sein. Wenn zum Beispiel drei dressierte Seehunde in einem Schwimmbecken mit ein paar jungen Mädchen um die Wette schwammen, Figuren stellten, Wasserkunststücke vorführten, dann kam danach Karandasch völlig vergammelt und zerstrubbelt mit Handtuch und Schwamm, um – gerade aufgestanden – sein Bad zu nehmen. Im Wasser jagten ihm dann die Seehunde einen Riesenschreck ein. Danach spannte er ein Seil durch die Manege, hängte mittels unförmiger Wäscheklammern erst sein Handtuch, aus dem sich ganze Wasserfluten ergossen, und schließlich sich selbst zum Trocknen auf. Die Pause war lang, denn das ganze Becken mußte abgebaut werden.

Eine noch viel längere Pause, die auch mit Wasser zu tun hatte, und bei welcher er improvisieren mußte, entstand einmal, als ein gigantischer Wolkenbruch den Circus überschwemmte. Das Wasser stieg, die Zuschauer setzten sich auf die Stuhllehnen. Man mußte Gräben schaufeln, weil das Wasser sonst den Manegeboden für längere Zeit unbrauchbar gemacht hätte. Karandasch hatte gerade einen Seiltänzer parodiert, indem er eine riesige Bratpfanne schwenkend auf einem am Boden liegenden Seil balancierte. Das Seil hatte man schon weggeräumt, er hatte nur noch die Bratpfanne. Also schöpfte er zunächst fleißig Wasser, freute sich riesig über jede Pfütze, wich ihnen dann aber doch aus, um mit Aplomb in eine andere zu treten, kletterte ebenfalls auf eine Stuhllehne, warf seine Bratpfanne wie eine Angel aus, um Fische zu fangen und so fort. Er hielt damit die Zuschauer bei Laune, bis die Vorstellung weitergehen konnte. Es war – nach Minuten gemessen (über zwanzig) und seinem eigenen Empfinden nach – die längste Pause seines Lebens.

Nach einer Vormittagsvorstellung hatte er ein ernsthaftes und langes Gespräch mit einigen Mitarbeitern vom „Komitee für Kunstangelegenheiten". Sie monierten nicht etwa fehlende Volksverbundenheit – da mußte man bei Karandasch, der immer seine Mitmenschen beobachtete, um daraus Gags zu filtern, keine Angst haben. Sie sagten auch nicht, er habe mehr Parteilichkeit zu beweisen im schweren Aufbauwerk – Karandasch hat immer mal gegen „volksschädliche Nichtstuer" und andere agitiert, und das durchaus freiwillig, da er dies für eine gute Sache hielt. Ihr Vorschlag war sozusagen rein circusimmanent, sie rieten Karandasch nämlich dazu, sich einen Hund zuzulegen. Sie wußten, die Kombination – der beliebte Karandasch und dazu auch noch ein Tier – würde jeden Zuschauer in Begeisterung versetzen. Karandasch befolgte den Rat, sein nach langen Mühen endlich gefundener Partner war ein struppiger Scotchterrier, und die Begeisterung war riesengroß.

Bei allem Jubel, genauer gesagt, gerade wegen des Jubels erwachte aber in ihm der allerälteste Urinstinkt jedes Entertainers, den man auf die Formel bringen kann: nur nicht die Show stehlen lassen! So war der Hund schon mal schwarz, ein weißer hätte sich von dem schwarzgewandeten Herrchen allzusehr abgehoben und in seiner Unschuldsfarbe zuviel Sympathie auf sich gezogen. Der Publikumsliebling durfte auch nicht jedesmal mit dem Clown in die Manege, sondern nur, wenn er gebraucht wurde. Dann allerdings war er unbezahlbar, insbesondere natürlich bei den Dressurparodien. Er begleitete aber auch mit jämmerlichem Geheul seinen Herrn, wenn dieser Harmonika spielte, hupfte in alle Behälter, in die ihn das Programm zwang, und sauste wie ein Blitz durch die Arena, wenn er durfte.

Im Zweiten Weltkrieg erfand Karandasch viele Nummern, die der Propaganda gegen den Feind dienten. Er war der Meinung, Satire müsse nun „zum Haß erziehen". Bevor wir darüber die Nase rümpfen, weil so etwas unseren Vorstellungen von Humanität nicht entspricht – einer Humanität, die sich in der Hauptsache im Betrachten des grausigen Weltgeschehens auf dem Fernsehschirm erschöpft – sei doch schnell daran erinnert, daß die Sowjetunion damals im Kampf auf Leben und Tod mit einem Eindringling stand, der in ihren Bewohnern Untermenschen sah und sich dementsprechend aufführte. Durfte man es diesen Menschen verübeln, wenn sie ihren Haß mobilisierten, um der faschistischen Invasion Herr zu werden?

Die erste „antifaschistische Reprise" des Clowns war simpel. Eine gigantische Kreuzspinne, deren Rücken das Hakenkreuz zierte, fiel ihm aufs Haupt. Er zerschlug sie mit einem Hammer. Mit einem ohrenbetäubenden Knall zerplatzte sie – es war eine Rinderblase, die Karandasch mit Luft gefüllt hatte. So einfach, wie er es den jubelnden Soldaten vormachte, waren die deutschen Heere jedoch nicht zu zerschlagen, und der Clown ließ sich kompliziertere Nummern einfallen.

In der Reprise „Wie die Faschisten nach Moskau hinein- und wieder hinausmarschierten“ (deren Titel pessimistischer war als der Verlauf der Kämpfe, denn die Deutschen kamen nur bis zur Endhaltestelle der Moskauer Straßenbahn, sie wendeten praktisch an deren Wendepunkt, nur in die andere Richtung) rollte er mit dem Ruf „Vorwärts, Richtung Moskau!“ in einem Faß auf Rädern in die Manege. In der Mitte angekommen flog der „Panzer“ in einer mächtigen Explosion auseinander. Karandasch, der jetzt auf einmal furchtbar abgerissen aussah – er hatte die „Uniform“ schnell weggeschleudert –, tat sich einen Verband um den Kopf und humpelte auf Krücken hinter die Kulissen. Dort zog er sich ganz schnell um, stieg mit den Beinen in die Ärmel seines Hemdes, und kam nun – jetzt wirklich völlig derangiert – wie aus einem zerstörten und desorganisierten Lazarett wieder herausgestolpert. Mit solchen Nummern ging er als Truppenunterhalter fast bis an die vorderste Frontlinie. Während ringsherum das wirklich passierte, was er spielerisch darstellte, ganze Horizonte in Flammen aufgingen, Flugzeuge dröhnten, Panzer vorbeirasselten, leistete er einen wichtigen Beitrag im Psychokrieg, wo es darauf ankommt, den Gegner erst einmal in der eigenen Phantasie klein zu machen, bevor man ihn dann in der Realität gefügig macht. Mit diesem Verhalten ist der ohnehin schon populäre Karandasch den Russen noch mehr ans Herz gewachsen.

Sein eigenes und das Empfinden seiner Zuschauer trifft er sicherlich recht genau, wenn er sagt: „Heute kommt es mir vor, als sei ich eher ein Zuschauer, der einfach nicht mehr sitzen bleiben wollte, sondern in die Manege gestiegen ist, um alles besser zu sehen und sich selbst in der Circuskunst zu versuchen.“ Das dürfte der Grund seines Erfolges sein. Er hat sein Leben lang seinem Volk nicht nur aufs Maul, sondern auch ins Gesicht, nicht nur auf Arme und Beine, sondern auch auf Jacke und Beinkleid geschaut und seine Beobachtungen zu Komik destilliert. So konnten ihn die Zuschauer mit der allergrößten Herzlichkeit lieben, mit der Herzlichkeit nämlich, die man sich selber gegenüber aufbringt.

Toni Meissner

Geigenvirtuose und Superclown: Tino Zacchini

„Wenn ich in der Erinnerung mein Leben an mir vorüberziehen lasse, sehe ich vor allem lachende Menschen; lachende Kinder, Erwachsene, Alte aller Nationalitäten und Rassen, Weiße, Farbige, Europäer, Asiaten, alles Menschen, die ich zum Lachen gebracht habe. Es ist schön, ein Clown zu sein."

Der dies sagt, Tino, eigentlich Quintino Zacchini, geboren 1922 in Catania (Sizilien), Artist in vierter Generation, Träger eines der glanzvollsten Namen der Circusgeschichte, hat allen Grund, sich gern und oft zu erinnern. Denn nur wenige, nur die ganz großen Clowns wurden so umjubelt wie er, der als Hauptattraktion der renommiertesten Circusse alle Erdteile bereist hat und längst als „World Star Super Clown" firmiert.

Dabei ist festzuhalten, daß dieser Weltstar Tino Zacchini zugleich der bescheidenste Superclown ist, den man sich denken kann. Die pompöse Trademark ist eine Konzession an die Branche. Denn wo käme einer hin, der sich schlicht als „Geiger und Spaßmacher" anböte, so wie sich Tino Zacchini im Grunde seines bescheidenen Herzens versteht. Klappern gehört zum Handwerk, zumal in der Welt des Circus, wo das Unmögliche Wirklichkeit wird, wo nur die Super-Superlative die Ränge füllen und die Kassen klingeln lassen.

Tino Zacchini ist Spaßmacher und Geiger. Der Spaßmacher Tino Zacchini darf aber nicht verwechselt werden mit einem Clown, der einem anderen auf die rechte Wange schlägt und dafür eine Ohrfeige auf die linke bekommt. Und schon gar nicht darf der Geiger Tino Zacchini verwechselt werden mit irgendeinem Fiedler unter dem Circusdach oder einem Caféhausgeiger, der so gefühlvoll die Toselli-Serenade spielen kann. Nicht einmal mit seinem großen, vorzüglich spielenden Kollegen Grock, dessen stärkstes Instrument die Geige war, ist er vergleichbar. Als Geige spielender Clown ist Tino Zacchini nämlich einmalig.

Einst spielte er die technisch schwierigsten Stücke, etwa von Monti, Sarasate, Rimski-Korssakow, Kreisler, die anspruchsvollsten Soli der klassischen Musikliteratur. Und er spielte sie nicht etwa nur im Stil eines Naturtalents, sondern mit der behutsam entwickelten Musikalität und Virtuosität eines jahrelang ausgebildeten „akademischen" Musikers.

Tino Zacchini studierte an der Brüsseler Musikhochschule und schloß sein Studium als bester „Erster Geiger" seiner Klasse ab, was Konzertreife und den ersten Schritt zum Geigensolisten bedeutet. Das Studium absolvierte Tino auf Wunsch seines Vaters, des Artisten und Clowns Pietro Zacchini, der seinem Sohn (und seiner Tochter Diana) die Virtuosenlaufbahn zugedacht hatte. Daß Tino nicht als Solist Karriere machte, sondern als Musikalclown, daran war Vater Pietro freilich selbst schuld. Und Tino, der Geigenvirtuose, brillierte bei seinem ersten Auftritt in Budapest 1937 auch nicht auf der Geige, sondern auf dem Luftballon.

Tino über das „Instrument" und die Nummer: „Ich habe sie erfunden, viele haben mich nachgeahmt, die meisten nicht besonders gut, weil sie zu unmusikalisch waren oder auch das ‚Instrument' nicht beherrschten. Ballon ist nicht gleich Ballon; das Material ist unterschiedlich das ‚Mundstück' ebenfalls, es kann zu kurz oder zu lang, zu weit oder zu eng sein. Außer mir hatte keiner der Luftballon-Virtuosen Erfolg. Die meisten haben bald aufgegeben, weil sie die hohen und die tiefen Töne nicht schafften."

Dabei ist es, meint Zacchini, im Prinzip kinderleicht einen Luftballon Melodien blasen zu lassen: „Man drückt mit dem Bauch auf den prall aufgeblasenen Ballon und erzeugt mit Daumen und Zeigefinger beider Hände die gewünschten Töne, indem man mehr oder weniger Luft schneller oder langsamer durch eine größere oder kleinere Öffnung entweichen läßt." So einfach ist das, man muß es nur können ...

Tino konnte es vom ersten Auftritt an, damals in Budapest im Jahre 1937, wenn ihm auch bei besonders hohen und tiefen Tönen die beiden anderen Zacchinis mit dem Munde aushalfen. Und zwar auf die im Circus besonders beliebte und belachte Weise, versteht sich. Der Geigensolist war damals als Ballonvirtuose eigentlich nur aushilfsweise eingesprungen: Da Onkel Amedeo urplötzlich nach Australien auswanderte, sollte er, so gut es eben ging, das damals weltberühmte „Trio Zacchini" retten, was mit dem virtuosesten Geigensolo nicht möglich gewesen wäre. Also spielte er, zwar mit großer Beklommenheit, aber schöner Tonmodulation „O sole mio" auf dem Luftballon und bekam dafür einen solch donnernden Applaus, daß ihm zentnerschwere Steine vom Herzen fielen, und er das sichere Gefühl hatte: Jetzt steht dir die Welt offen. Und sie stand ihm offen, er hat sie mittlerweile mehrmals rundum bereist. Schon als Mann von vierzig konnte er die Frage, wo überall er aufgetreten sei, nur noch mit der Gegenfrage beantworten: „Wo glauben Sie, daß ich nicht gewesen bin?"

Tinos Künstlerprospekt zeigt heute eine Auswahl von Prominenten, angefangen beim Ex-Bundespräsidenten Walter Scheel über Nikita Chruschtschow, die Königin von England, König Frederik von Dänemark und Präsident Marco von den Philippinen bis hin zu Loki Schmidt, der Frau des Bundeskanzlers. Sie alle haben über ihn gelacht, stehen aber nur für viele andere. Zum Beispiel auch für König Faruk von Ägypten, in dessen Land sich eine von vielen merkwürdigen Episoden ereignete: Der dicke König hatte die Zacchinis, die damals (1947) mit zwei Nummern, nämlich „Diana und Tino – Musikvirtuosen" und „Trio Zacchini – Clowns" auftraten, mehrmals gesehen und sich die besten Pointen notiert, um sie zu Hause erzählen zu können. Des Königs Begeisterung sprang offenbar auch auf einen seiner Scheichs über, der eine Privatvorstellung kaufte, an die sich Tino Zacchini noch heute lachend erinnert:

„Wir bauten uns auf einer kleinen Bühne auf und warteten auf das Publikum. Als drei Männer im Burnus vor uns saßen, hieß es plötzlich schon: Anfangen! Wir wunderten uns, legten los und ernteten schallendes Frauengelächter. Hinter engmaschigen Gittern und transparenten Vorhängen saß, für uns unsichtbar, offensichtlich ein zahlreiches Publikum, die Insassinnen von einem oder mehreren Harems."

Das war kurz nach dem Zweiten Weltkrieg, der den Zacchinis wie allen anderen Artisten schwer zu schaffen machte, den sie aber schließlich doch recht gut überstanden. Sie traten vor allem in Deutschland und Italien auf; Tino war als einziger Sohn und „Stammhalter" der Familie Pietro Zacchini ohnehin laut Gesetz vom Wehrdienst befreit.

Hinzu kam, daß er kaum in seinem Vaterland gelebt hatte und vor allem auch bei der Truppenbetreuung sein vaterländisches Soll erfüllen konnte. Die für magere Gagen bestrittenen Auftritte bei Wohltätigkeitsveranstaltungen vor deutschen oder italienischen Verwundeten zählten bald nach Dutzenden. Und Soldaten waren es auch, die kurz nach dem Krieg die ersten Zuschauer der Zacchinis waren. Diesmal aber vor allem britische; denn die erste größere Nachkriegstournee ging im Auftrag der „British Middleeast Forces" nach Palästina und Ägypten, wo auch die Haremsvorstellung stattfand.
Eine andere Vorstellung auf dieser Reise haben die Zacchinis ebenfalls nie vergessen. Sie ging über die (Behelfs-)Bühne eines britischen Militärstützpunkts in Palästina, wo damals (1947) die Mandatsmacht Großbritannien und alles, was britisch aussah, Ziel von Angriffen israelischer Terroristen war.
Fatalerweise sahen die italienischen Zacchinis zu dieser Zeit sehr britisch aus, wenigstens auf den ersten Blick. Sie trugen britische Offiziersuniformen, britische Erkennungsmarken um den Hals, fuhren in Militärkolonnen mit. „Erst da", erinnert sich Tino Zacchini, „begann für uns der Krieg." Terrorüberfälle waren an der Tagesordnung, sie erlebten und überlebten mehrere. Einer davon in einem großen Camp in Jaffa und ausgerechnet während der Vorstellung.
Als die auftretende Truppe gerade so schön in Schwung war, und sich die zuschauende Truppe unter Lachkrämpfen wand, heulten plötzlich die Sirenen. Der Zuschauerraum leerte sich blitzartig. Laute Kommandos, Schüsse, Detonationen. Nach einer Viertelstunde kamen die nun bis an die Zähne bewaffneten Zuschauer dorthin zurück, wo die Clowns immer noch schlotternd auf der Bühne standen und eine möglichst fröhliche Miene zum todernsten Spiel zu machen versuchten. Die Vorstellung ging weiter, schaurig akzentuiert von erst allmählich abklingenden Gewehrsalven. Die Zuschauer aber, Helm auf dem Kopf, Gewehr oder Maschinenpistole zwischen den Knien, reagierten nicht mehr auf Pointen, das Lachen war ihnen vergangen. Als endlich der letzte Vorhang gefallen war, verließen Vater Pietro und die Seinen erleichtert die Bühne und nannten die Vorstellung fortan: „La danza macabra degli Zacchini" – den „Danse macabre" der Zacchinis.
Die wackere Truppe kehrte danach über Zypern nach Rom ins alte Europa zurück. Hier war das Arbeiten inzwischen wesentlich ungefährlicher geworden, aber leider auch schwieriger. Die meisten Variétés waren zerstört, erst allmählich rafften sich die ersten Circusse zusammen. In Not gerieten die berühmten Zacchinis zwar nie – 1951

waren sie zum Beispiel für eine Tournee durch ganz Belgien, 1952 für eine durch Holland engagiert –, aber die alte Circuspracht und -herrlichkeit war das nicht mehr. Nach einem letzten Engagement im Circus Paola Busch in Berlin beendete das „Trio Zacchini" 1953 seine Laufbahn. Und damit war vor allem der gerade 31jährige Tino Zacchini an einem Wendepunkt seines Lebens angekommen. Sollte er, konnte er jetzt noch seine vom Vater so gewünschte (und verhinderte) Karriere als Geigenvirtuose nachholen? Eine Karriere, die noch dazu in den Sternen stand?

Der Entschluß, die Familientradition der Zacchinis in der vierten Generation fortzusetzen, fiel Tino nicht schwer. Und man versteht das sehr gut, wenn man nur einen Blick auf die Vergangenheit seiner Familie wirft, die Circusgeschichte gemacht hat.

Es begann mit einen armseligen Wanderbühne, mit dem Urgroßvater Zacchini seine vielköpfige Familie mehr schlecht als recht ernährte. Um das Jahr 1830 herum war er mit Schwestern und Brüdern, Ehefrau und Kindern durch die Toskana, die Emilia und Venetien von Dorf zu Dorf gezogen, um mit Pantomimen und operettenartigen Darbietungen seine Familie vor dem Hungertod zu bewahren. Die Zacchinis waren arm, aber auch zäh, und sie hielten wie Pech und Schwefel zusammen. Und vor allem waren sie für ihr Metier begabt.

Das zeigte sich schon in der nächsten Generation: Zwei Söhne des Familienpatriarchen, Naborre (der Großvater Tinos) und Evaristo, machten von sich reden, weil sie große Sprünge vorführen konnten. Sie waren exzellente Artisten, vor allem auf dem Seil und am Trapez, sie waren glänzende Springer. Da beide große Familien zu ernähren hatten – Naborre zeugte 21 Kinder, von denen freilich nur sechs das Erwachsenenalter erreichten –, gründeten sie ebenfalls einen kleinen Circus, von dem aber zunächst nichts anderes zu berichten ist, als daß er den Lebensunterhalt von zwei Familien einspielte und für die dritte Zacchini-Generation vorzügliche Ausbildungsmöglichkeiten zum Allround-Artisten bot.

Naborres Kinder – ihre Namen (Linda, Aldemira, Arduina, Amedeo, Ferruccio und Pietro) klingen als handle es sich um Figuren einer italienischen Kammeroper – bestritten mit den Kindern von Bruder Evaristo fast das ganze Programm, sie musizierten, traten als Darsteller, Clowns und Jongleure auf. Die Väter und Söhne legten den Schwerpunkt auf artistische Sprünge, nicht zuletzt auf eine Nummer, die „Fliegende Männer" hieß, also auf Schleuderbrett-Akrobatik, bei der Schwergewichte Leichtgewichte so hoch in die Luft wirbeln lassen,

61 Der russische Clown Michail Rumjanzew (geb. 1901), der sich später „Karandasch" ▶ (der kleine Bleistift) nannte und als Chaplin-Imitator großen Erfolg hatte.

62 Das berühmte Trio Zacchini – Pietro, Amedeo und Ferruccio –, das Ende der zwanziger, Anfang der dreißiger Jahre als Truppe mit den besten Clownsnummern der Welt in der Berliner „Scala“, im „Wintergarten“, im Londoner „Palladium“ und im Pariser „Cirque Medrano“ große Erfolge erzielte.

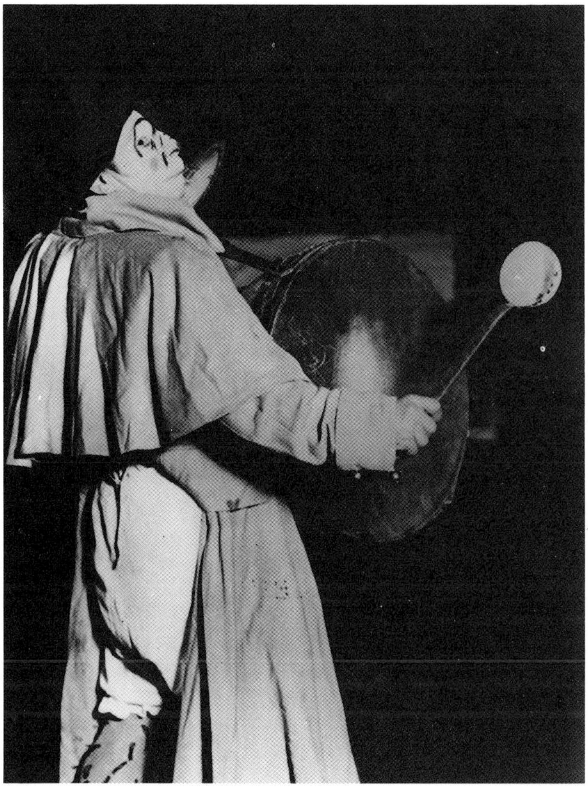

63 Ferruccio Zacchini.

64 Amedeo Zacchini.

65 Musikvirtuose Tino Zacchini, Sohn des Artisten und Clowns Pietro Zacchini, versucht auf drei Saxophonen gleichzeitig zu spielen.

66 Als Amedeo Zacchini nach Australien auswanderte, sprang sein Neffe Tino, geboren 1922 in Catania, ein. Von diesem Augenblick an stand ihm die Welt offen.

67 Das Geheimnis der Clownskunst liegt in einer unablässigen Wandlung und Verwandlung. ▶

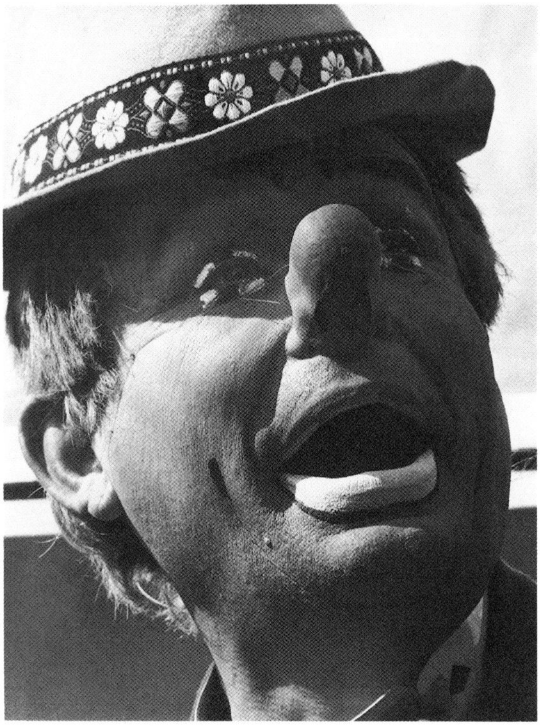

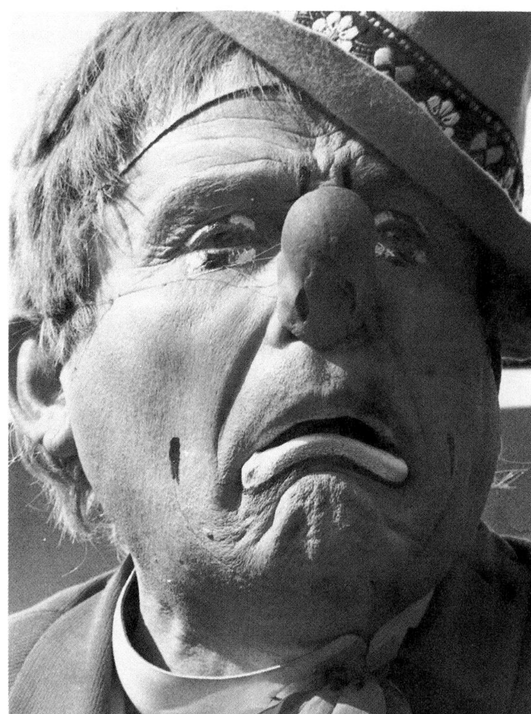

68, 69, 70, 71 Den mit dem deutschen Bundesverdienstkreuz dekorierten Tino Zacchini bezeichnet man als „Grock II", und Grock selbst war damit einverstanden.

72 Tino Zacchini und seine Frau Daisy in einem berühmten Entrée: Beim Anblick der durch hohe Absätze und einem fast meterhohen Federbusch zur Riesin aufgemöbelten Frau gerät ein von Statur kleiner Clown in Verwirrung und drückt seine Gefühle pantomimisch und musikalisch aus.

daß den Zuschauern der Atem stockt. Aus diesem Schleuderbrettakt entstand bald eine Nummer, die zur Weltsensation wurde und die Evaristo-Nachkommen, die sie wie ein Aktienpaket erbten, reich und berühmt gemacht hat. Tino, der die Entstehungsgeschichte der Nummer aus Erzählungen seines Vaters gut kennt, berichtet darüber:
„Im Circus Zacchini arbeiteten damals alle in jeder freien Minute an einem sensationellen Projekt, das auf eine Idee Evaristos, meines Großonkels, zurückging, nämlich am ‚L'uomo Proiettile', am ‚Menschlichen Geschoß'. Viel Mühe und Geld, die ganzen Ersparnisse wurden darauf verwandt, diesen Artistentraum zu verwirklichen.
Und eines Tages war es dann so weit: Die Kanone, die mit Menschen schießen sollte, konnte erprobt werden. Aber da gab es noch ein Problem. Wer wagte es, als erster in das Kanonenrohr zu klettern und sich herauskatapultieren zu lassen? Da sich niemand dazu drängte, das Versuchskaninchen zu spielen, kam man auf die gute Idee, zunächst einmal einen zusammengerollten Teppich in das in einiger Entfernung aufgespannte Netz zu schießen. Und siehe da, die Sache ließ sich gar nicht schlecht an. Zwar ließ die Präzision zunächst noch zu wünschen übrig, aber die vorerst noch ‚un-menschlichen' Geschosse trafen bald schon so zuverlässig ins Ziel, daß nach dem Teppich ein Hund abgefeuert werden konnte. Das erste wirklich menschliche Geschoß war der Sohn Evaristos, Edmondo. Als er gut gelandet war, wagte es ein zweiter, dann ein dritter Sohn, bis schließlich alle Familienmitglieder, Schwestern, Tanten und Nichten eingeschlossen, sich danach drängten, durch die Luft zu fliegen. Sich katapultieren zu lassen, wurde zunächst zum Zeitvertreib, dann zur Weltsensation."
„Das menschliche Geschoß" schlug so ein, daß es auch den Circus Zacchini bald „auseinandersprengte". Als der Direktor des amerikanischen Circus Ringling Evaristo und die Seinen fliegen sah, engagierte er die Truppe sofort in die USA. Dort ist sie berühmt und reich geworden und leben ihre Nachkommen heute noch ...
In einem Essay über Clowns hat der italienische Filmregisseur Federico Fellini seiner Bewunderung für die Erfinder des „menschlichen Geschosses" Ausdruck gegeben und folgende Anekdote erzählt: „Die Wiese der Zacchinis war zu klein, und so schossen sie sich über eine Straße. Die Autofahrer glaubten oft, Halluzinationen zu haben, und einige verloren die Herrschaft über ihr Fahrzeug. Der Bürgermeister von Tampa brachte deshalb an beiden Ortseinfahrten ein Schild an, auf dem stand: Wenn ihr fliegende Menschen seht, erschreckt nicht, es sind nur die Zacchinis, die üben."

◄ *73* Tino Zacchini als Luftballon-Virtuose: Er drückt mit dem Bauch auf den aufgeblasenen Ballon und erzeugt mit Daumen und Zeigefinger beider Hände die gewünschten Töne. Mit dieser von ihm erfundenen Nummer hatte er bereits bei seinem ersten Auftritt in Budapest 1937 großen Erfolg.

Tino Zacchini bestätigt diese Übungsgewohnheiten der „Kanonen-Familie", nicht aber die insgesamt zweiunddreißig tödlichen Unfälle, von denen Fellini im gleichen Zusammenhang spricht:
„Nach den Erzählungen meines Vaters ist nur ein einziges Familienmitglied je verunglückt, aber nicht tödlich, nur ein steifes Bein blieb ihm zurück. Während der Blütezeit der Nummer – es gab drei verschiedene Truppen, die sie in den zwanziger Jahren in ganz Amerika vorführten – sind wohl tatsächlich ein paar Todesfälle vorgekommen, aber keinesfalls zweiunddreißig. Die Opfer waren durchweg engagierte Artisten, denn die Zacchinis mußten sich ja vor allem um den technischen Teil der Nummer kümmern."
Zurück zu Evaristos Bruder Naborre, dessen Sohn Pietro Tinos Vater war. Pietro und seine Brüder Amedeo und Ferruccio schlossen sich zum Clowns-Trio „Die drei Zacchinis" zusammen, das nicht minder berühmt als das „menschliche Geschoß" wurde. Den Höhepunkt ihrer Karriere erreichten sie Ende der zwanziger, Anfang der dreißiger Jahre. Wo das „Trio Zacchini" damals auftrat, etwa in der Berliner „Scala" oder im „Wintergarten", im Londoner „Palladium" oder im Pariser „Cirque Medrano" – waren die Vorstellungen ausverkauft. Denn wenn die Zeiten auch noch so schlecht waren – die Weltwirtschaftskrise! –, amüsieren wollte man sich. Und da es damals noch keinen „Großen Preis", kein „Dalli dalli" und keine Fußballweltmeisterschaft im Fernsehen gab, ging man ins Varieté oder in den Circus, um Grock, die Rivels oder auch das berühmte „Trio Zacchini" zu sehen, das damals als Truppe mit den besten Clownsnummern der Welt galt. Tino hat nach dem Ausscheiden Onkel Amedeos an einzelnen dieser legendären Nummern noch mitgewirkt und auch einige (wenige) in seine Programme übernommen, wenn auch in variierter und modernisierter Fassung. Das „Trio Zacchini" löste sich 1953 in Berlin auf. Ein Jahr später schon war Tino mit einem eigenen Programm zur Stelle. Sein erstes Engagement bekam er beim Circus A. Fischer, bei dem er vier Jahre blieb. Danach folgten Engagements in den Circussen Straßburger, Sarrasani, Schumann.
Und dann kam die ganz große Karriere.
Sie begann mit einem Vertrag beim „Deutschen National-Circus", worauf ein Engagement beim „Russischen National-Circus" folgte. Umjubelte Auftritte, immer bessere Angebote und Gagen, immer weitere Reisen. Zum Beispiel nach Japan in einem Programm des Pariser Lido. Auf dieser Reise bestand Tino eine notorische Feuerprobe, die mit der Tatsache zusammenhängt, daß Japaner über europäische

Clowns allenfalls einmal freundlich lächeln, aber nicht lauthals lachen. Tino nannte seinen ersten Auftritt im „Mikado-Theater" von Tokio „eine der schrecklichsten Stunden meines Lebens". Denn auch er hätte das japanische Publikum fast enttäuscht. Aber eben nur „fast". Daß er selbst in Japan großen Beifall bekam, bestätigt seinen Rang. Tino: „Ich kam nachmittags an und mußte bereits am Abend auftreten, hatte also keinerlei Chance, mich an Ort und Stelle einzustimmen und vorzubereiten. Schon das Schminken war ein Problem, da die Japaner ihr Gesicht ja aus den verschiedensten Gründen bemalen. Was sagen bemalte Gesichter aus, welche Bedeutung haben Masken, was bedeutet für das Publikum mein geschminktes Clownsgesicht? Würden sie meine Späße überhaupt verstehen? Vorsichtig fühlte ich vor, versuchte dieses und jenes, bekam zunächst nur ganz schwache Reaktionen. Aber dann traf ich instinktiv einen Nerv, und die Leute lachten. Als der erste Beifall aufbrauste, war ich gerettet. Und als ich dann nach einigen Tagen ein paar japanische Worte sprechen konnte und schließlich auch noch das sehr schöne und sehr traurige populäre Lied ‚Akatombo' auf der Geige spielte, nahm der Beifall kein Ende."

Natürlich wurde sein Engagement damals sofort verlängert, die Truppe bereiste die Provinz, trat in Osaka, Kyoto und Nagoya auf, kurz danach reiste er als „Star" des „Deutschen National-Circus in andere Länder Asiens, auf die Philippinen, Taiwan und Celebes, trat er in Indonesien und Hongkong auf ...

Tino Zacchini ist heute buchstäblich in der ganzen Welt bekannt und berühmt. Am populärsten ist er vielleicht in Australien, wo er in einer sechzehnteiligen Fernsehserie auftrat und deshalb in jeder Manege von tausend Kinderstimmen mit Jubel und dem Schrei „der Fernsehclown!" begrüßt wurde. In Australien war es auch, wo 1972 sein Sohn Arno im Alter von fünf Jahren sein Debüt als Zacchini-Clown der fünften Generation feierte. Die Nummer, in der er auftrat, ist für Tino Zacchinis Entrées zwar nicht besonders typisch, sie sei aber geschildert, weil sie einen Eindruck von den technisch komplizierten, mitunter zwar ein wenig klamaukhaften, aber auch höchst komischen und verblüffenden Nummern vermittelt, die einst auch das „Trio Zacchini" so beliebt machten:

In der Manege steht eine große vollautomatische Waschmaschine. Tinos Partner macht sich daran zu schaffen, gibt eine reichliche Menge Wäsche in die Trommel und schüttet oben entsprechend viel Waschpulver hinein. Nach allerlei Getue und wildem Drehen an den Knöpfen kommt die Wäsche auch schon wieder zum Vorschein; zur Ver-

blüffung aller aber nicht nur sauber, sondern auch fein gebügelt. Bevor der Waschmaschinen-Meister die Szene verläßt beschwört er den auftretenden Tino, nur ja die Finger von der sensationellen Maschine zu lassen. Tino verspricht das hoch und heilig, vergißt den guten Vorsatz aber sofort, als ein hübsches junges Mädchen auftaucht, das seine Wäsche gewaschen haben will. Aber bitte sehr, bitte gleich. Die Kundin verschwindet hinter einem Paravent, vollführt einen (für das Publikum unsichtbaren) Striptease, wirft Kleid, Unterrock, Höschen dem Clown zu, der nimmt die Kleidungsstücke mit den entsprechenden Bemerkungen („Hot pants!") und unsäglichem Schmachten entgegen. Dann folgt noch der Büstenhalter und – ha! – so etwas hat der Clown offenbar noch nie gesehen. Er dreht und wendet das delikate Stück, probiert es als Hut auf, was es offensichtlich nicht sein kann, dann kommt ihm endlich die Erleuchtung: Es kann sich da – und er demonstriert das an sich selbst – nur um Knieschützer handeln ...
Wenn sich das Publikum ausgelacht hat, kommt die Nummer aber erst auf Touren. Der BH wird in die Waschmaschine gestopft, Waschpulver kommt hinzu, die Bedienungsknöpfe werden gedreht, viel Gemache und lautes Geschrei, bis plötzlich ein lauter Knall ertönt – die Wundermaschine ist hin. Vorsichtig nähert sich Tino dem nur noch schwächlich ratternden Monstrum, öffnet zuerst die obere Klappe – und bekommt einen dicken Strahl Seifenlauge ins Gesicht. Ängstlich greift er nun in die Trommel und zieht die Wäsche des Mädchens heraus. Sie ist auf einer Leine aufgehängt, offenbar gewaschen, aber völlig zerknittert und vor allem auf Puppenkleidergröße eingelaufen. Und da kommt auch schon wie ein leibhaftiger Rachegott der Partner daher: Was hast du bloß angerichtet?! Tino sucht sein Heil in der Flucht, kommt aber nicht weit, wird gepackt und kopfüber in die Waschmaschine gestopft. Die Maschine wird in Gang gesetzt, blinkt mit ihren grünen und roten Lämpchen, rumpelt dramatisch – und aus der Trommel klettert der mißhandelte Tino, aber eingelaufen, zusammengeschrumpft auf Kindergröße und entflieht über die Piste mit allen Zeichen des Entsetzens ...
Natürlich wurde der „eingelaufene" Tino von seinem Söhnchen Arno dargestellt; genauso gekleidet und geschminkt wie sein Vater sorgt er für eine verblüffende Pointe, die stürmisch beklatscht wird ...
Clowns vom Rang eines Zacchini wärmen selten alte Nummern auf. Daß Tino es damals, 1972, in Australien doch tat, hing damit zusammen, daß die Passage für Sohn Arno nur bezahlt wurde, wenn er als Mitglied der Truppe reiste. Wenn aber seit 1963 Frau Daisy Zacchini-

Cordons als Partnerin Tinos auftritt, so hat das einen ganz naheliegenden Grund: Frau Daisy kommt ebenfalls aus einer (deutschen) Artistenfamilie und hat in den Zacchini-Entrées dramaturgisch wichtige Parts. Zum Beispiel bei der berühmten „Tragödie in Texas", einem ausgeklügelten Kabinettstück der Clownskunst:

Ein Cowgirl, Frau Daisy, federt ins Manegenrund, produziert sich als Lasso-Artistin. Sie wirbelt eine immer größer werdende Schlinge über dem Kopf, vor und hinter dem Körper, springt hinein und wieder heraus. Während sie das Lasso noch kreisen läßt, tauchen Tino und Partner auf, gestikulierend, schreiend, streitend, raufend. Da – Tino zückt ein Messer, sticht zu, der Partner feuert zur gleichen Zeit einen Schuß aus einer großen Pistole ab, beide fallen zu Boden, verröcheln.

Das alles geht so schnell, daß die Lassokünstlerin den Kopf schüttelt und meint: „Das hat das Publikum nicht mitbekommen." Eine Rückfrage bei den Zuschauern bestätigt ihre Ansicht. Also erklären sich die unversehens wieder aus dem Todesschlaf erwachten Texaner bereit, die Szene nochmals, jetzt aber langsam, ganz langsam zu wiederholen.

Alles nochmals auf die Ausgangsstellung zurück, alles nocheinmal von vorn im Zeitlupentempo, der Auftritt, das Gerangel, Kinnhaken, der gegenseitige Totschlag: Tino zieht das Messer, langsam, ganz langsam, und sticht es dem Partner ganz langsam zwischen Brust und Arm, scheinbar ins Herz. Dann öffnet er die Hand, und das Messer fällt langsam, ganz langsam zu Boden (wobei ein kaum wahrnehmbarer Faden die Verzögerung bewirkt). Auch der Erstochene fällt im Zeitlupentempo zu Boden, ist aber noch nicht tot, greift zu einer großen Pistole und feuert einen Schuß auf den Messerstecher ab.

Dies ist der Höhepunkt der Nummer, ein verblüffender optischer Effekt. Denn das Publikum sieht deutlich Mündungsfeuer mit Rauchentwicklung und auf dem Gesicht des getroffenen Tino Schmauchspuren (die der Partner mit einem kleinen Basebalg und Puder bewirkt). Vor allem aber sieht es, wie eine große Kugel den Pistolenlauf verläßt und langsam, ganz langsam auf Tino zuschwebt, ihn in der Herzgegend trifft und für alle sichtbar am Rücken wieder austritt, bevor sie zu Boden fällt. Der Durchgeschossene dreht den Kopf, stellt fest, daß die Kugel durch ihn hindurchgegangen ist und sieht sie auf dem Boden liegen. Er hebt sie langsam, ganz langsam auf, steckt sie in den Mund und spuckt sie auf den Absender zurück, der von ihr getroffen wird und nun endgültig hin ist ...

Diese zwei Beispiele aus einem im Laufe der Jahrzehnte immer größer und technisch anspruchsvoller gewordenen Repertoire veranschaulichen den Einfallsreichtum und das professionelle Können des Clowns Tino Zacchini. Aber da gibt es auch, vor allem auch den Geiger Professor Zacchini, den Geigenvirtuosen, der seine Begabung in den Dienst der Clownerie stellt, den Musiker. Er hat es in einer Zeit, die das Varieté, die Bühne, auf der artistische Unterhaltungsprogramme geboten wurden, nicht mehr kennt, zunehmend schwer. Tino: „Wir mußten uns dem Milieu, in dem wir arbeiten und leben, anpassen. Während ich im Varieté meine Virtuosität auf der Geige mit technisch und musikalisch hochanspruchsvollen Stücken unter Beweis stellen konnte, ist das im großen Circuszelt vor zwei- oder gar dreitausend Zuschauern unmöglich geworden. Mit dem Lärm der Autos, des Regens, des Windes, der das Zelt erschüttert, mit dem Brüllen der wilden Tiere kann ein Geigensolist schon rein akustisch nicht konkurrieren, schon gar nicht, wenn, was nicht selten vorkommt, die Mikrophonanlage unzulänglich ist. Meine Virtuosität zeige ich dem Publikum aber auf andere Weise, nämlich mit Imitationen der verschiedensten Art. Zum Beispiel ahme ich Vogelstimmen nach, das Gackern der Hühner, das Kikeriki des Hahnes, das Geschrei des Esels oder das Heulen der Sirene. Die Masse des Publikums ist dafür dankbarer als für jedes klassische Geigensolo ..."

Zum aktuellen Repertoire Tinos gehört ein Entrée, in dem die Kunst der Geigen-Imitation außerordentlich geschickt in eine kleine Handlung eingebaut ist. Es geht dabei um die Verwirrung eines körperlich kleinen Clowns, der beim Anblick einer großen attraktiven Frau sichtlich aus dem Häuschen gerät. Sie ist durch hohe Absätze und einen fast meterhohen Federbusch zur Riesin aufgemöbelt, er drückt seine Gefühle pantomimisch und musikalisch aus: die Tölpelhaftigkeit des schüchternen Liebhabers, das Gockelhafte des ewigen Casanova und Don Juan – „Kikeriki" auf der Geige – und anderes mehr.

Im weiteren Verlauf dieser Nummer stellt Tino dann noch andere artistische Qualitäten unter Beweis, zum Beispiel parodiert er einen Jongleur-Akt, spielt er zunächst auf zwei Saxophonen, dann auf zwei Konzertinen gleichzeitig, die er neben Geige und Klarinette ebenfalls perfekt beherrscht ...

Ansichten eines Clowns: „Mit der Komik gewinne ich das Lachen des Publikums, mit der musikalischen Virtuosität den Applaus. Ich habe nun seit 45 Jahren die Menschen zum Lachen gebracht, fröhlich, glücklicher gemacht. Und was ein Arzt sagen kann, gilt auch für mich:

ich glaube, ich habe vielen Menschen geholfen ... Als Clown muß man Seele haben, aber auch Geist und Witz. Das Geheimnis unserer Kunst liegt in einer unablässigen Wandlung und Verwandlung. Der Schauspieler wechselt seine Rollen, wir unser Publikum. Ich wage nicht zu entscheiden, was schwieriger ist. Ein Clown ist Autor, Darsteller und Regisseur zugleich. Wenn er kein Gespür für das Atmosphärische hat, nicht fühlt, wittert, schmeckt, was das Publikum will, wenn er nicht alle paar Tage seine Nummern neu entstehen lassen kann, wenn er nicht Psychologe und zugleich Philosoph ist, ist er allenfalls Durchschnitt, aber nicht groß".

Tino Zacchini ist ein großer Clown, einer der größten der Circusgeschichte. Man hat ihn als „Grock II" bezeichnet, und Grock selbst war damit einverstanden. Tino ist in zahlreichen Filmen und in Fernsehprogrammen rund um die Welt aufgetreten, er wurde mit dem deutschen Bundesverdienstkreuz ausgezeichnet und zum „Cavaliere honoris causa" der Republik Italien ernannt. Er hat so viele Angebote, daß er sich allmählich „reif für die Insel" fühlt, wo er endlich seine beiden Steckenpferde reiten könnte, das Angeln und Briefmarkensammeln.

TONI MEISSNER

Verdienter Spaßmacher des Volkes: Oleg Popow

Wer war, wer ist der beste Clown der Welt? Der artistisch musikalische Grock? Der heitere Philosoph Charlie Rivel? Oder jener frühe Charlie Chaplin, der den tollpatschigen Sieger über die Gefahren des Lebens darstellte, den Traumtänzer Parzifal der modernen Zeit?
In jenem Programmheft, in dem die Artisten des Moskauer Staatscircus im Dezember 1958 zum erstenmal einem deutschen Publikum vorgestellt wurden, wurde ein anderer, nämlich Oleg Konstantinowitsch Popow, als „bester Clown der Welt“ präsentiert, ein damals erst 28jähriger, in der Sowjetunion längst berühmter Artist, dessen Ruf bald weit über die Grenzen seiner Heimat hinausgehen sollte.
Popow der beste Clown der Welt? Programmhefte, zumal die des Circus, die stets nur Weltsensationen ankündigen, übertreiben, man weiß es und macht die nötigen Abstriche. Dieses aber, das Popow feierte, übertrieb damals nur ganz wenig. Chaplin und Grock, das waren abgeschlossene Kapitel der Clownsgeschichte. Auch Rivel hatte sich zurückgezogen – um freilich, wie kurz darauf offenbar wurde, ein glanzvolles Comeback zu feiern. Obwohl Clowns in Hülle und Fülle da waren, gab es keinen, der in die Kategorie der Schlagzeilen-Helden und Kassenfüller gehörte. Außer jenem Oleg Popow eben, für den alle, die ihn zum erstenmal sahen, alle Superlative riskierten.
Die „Süddeutsche Zeitung“ nannte ihn „ein kleines Weltwunder“, die „Welt“ rühmte seine „vollendete Grazie“ und „unübertrefflich Sicher-

74 Oleg Popow, geboren 1930, der berühmte Clown des Moskauer Staatscircus. ▶

75, 76, 77, 78 Popows berühmte Schlappseilnummer, während der er mit allerlei Requisiten mit Grazie jongliert.

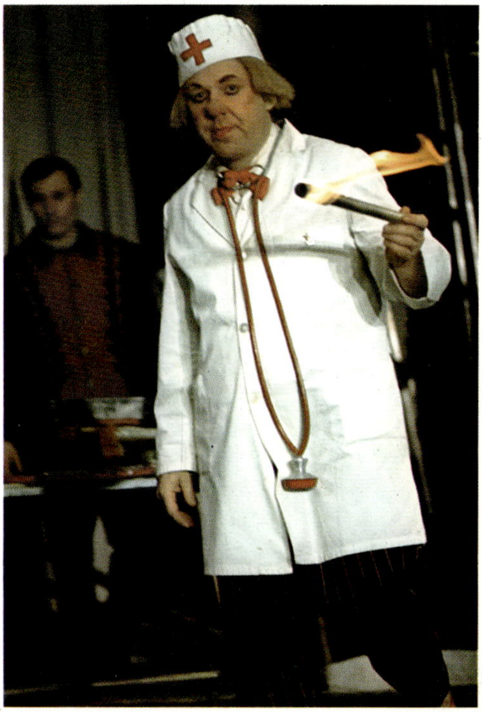

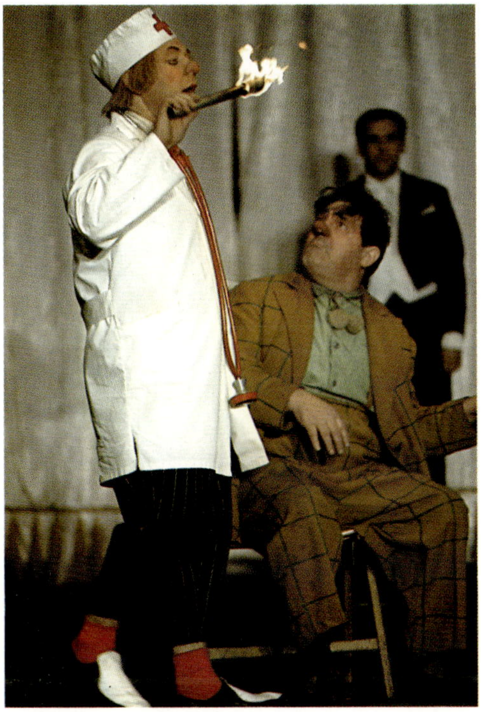

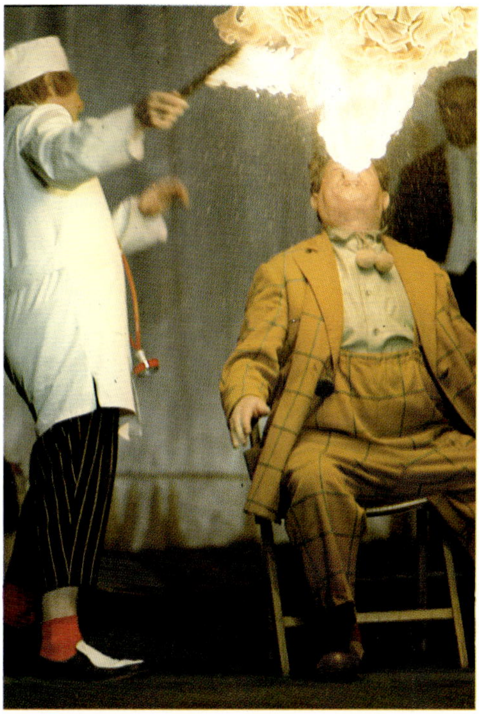

79, 80, 81, 82, 83 Oleg Popow benutzt als Zahnarzt unkonventionelle Methoden zur Heilung seiner Patienten.

86 Aufgepaßt! Mit Oleg Popow muß man rechnen!

◀ *84, 85* Popow hat einen neuen Clownstyp geschaffen; sein „Humor ist naiv, sanft und verträumt“, sagt Marcel Marceau.

heit" – und waren noch zurückhaltend in ihrem Urteil. Denn in Belgien und Frankreich, wo der Moskauer Circus vorher aufgetreten war, hatte man sich zu ganz anderen Elogen hinreißen lassen, rühmte man seine Einfälle als „Wunder der Subtilität", schwärmte man von ihm als „einem Circuspoeten, der sich mit der Grazie einer Elfe bewegt", und der, so eine Pariser Zeitung, „kein anderes Verlangen hat, als zu leben, zu weinen, zu vergehen und wieder zu erstehen, um in seinen rollenden achatblauen Augen die Lichter unserer Stadt wiederzufinden". Und wem das zu blumig schien, der konnte es bei Marcel Marceau sachlicher lesen. Der große Pantomime bescheinigte dem 1,62 Meter kleinen Kollegen aus Moskau Größe in jeder Hinsicht:

„Sein Humor ist naiv, sanft und verträumt; Bosheit oder Grausamkeit kennt er nicht. Man kann sich wohl vorstellen, daß Popow eine Gestalt aus einer Posse von Molière, aus einer Komödie von Gogol oder Shakespeare sei ... Wir hatten bisher immer gedacht, Clowns müßten unbedingt schreien, sich mit Narrenstückchen produzieren, alles mögliche effektvolle Beiwerk nutzen, mit Witzen nur so um sich werfen; hier aber sahen wir reine Situationskomik, die augenblicklich den Kontakt zum Publikum herstellte ..."

Wenn viele der Hymnen auf Popow auch eindeutig übers Ziel hinausschossen, so war doch unbestritten, daß er den besten Kontakt zum westlichen Publikum fand, daß er der Star der Truppe war. Seine beiden Clowns-Kollegen, in der Sowjetunion bekannte und beliebte Künstler, wurden in der westlichen Presse nicht einmal erwähnt. Er aber, der kein einziges Wort aus einer fremden Sprache beherrschte und deshalb allein auf Artistik und Pantomime angewiesen war, wurde als neuer „König der Clowns" gefeiert, obwohl – oder gerade weil? – seine Auftritte vergleichsweise unaufwendig waren: Clown Popow stolpert in die Manege, sein Kostüm vermeidet das typisch Clowneske, die haarsträubende Übertreibung, ist aber charakteristisch: schwarze Samtjacke, flatternde Röhrenhose mit Nadelstreifen, Schiebermütze mit Schachbrettkaro. Socken und Weste sind rot, bis auf einen Tupfer Rouge auf der Nasenspitze und schwarze Augenbrauenstriche ist er ungeschminkt. In der Hand trägt er einen Spazierstock und ein Köfferchen, das ihm alsbald aus der Hand fällt und aufspringt: ein weißer Hahn kommt zum Vorschein und flattert aufgeregt in der Manege herum.

Der Herr mit Nadelstreifenhose jagt dem Ausreißer nach und fängt ihn nach vielen grotesken Sprüngen endlich ein. Aber wie den Widerspenstigen zähmen? Zunächst versucht er's mit Hypnose, aber die will nicht gelingen. Völlig ratlos sucht er einen anderen Ausweg und findet ihn in Form eines Ofenrohrs. Dahinein schiebt er den weißen Hahn und freut sich sichtlich, daß der nun besorgt und aufgehoben ist. Ist er es wirklich? Vorsichtig öffnet er eine Klappe am anderen Ende des Ofenrohrs – und daraus kommt sofort ein schwarzer Hahn zum Vorschein, der davonflattert und vom Publikum mit jubelndem Beifall bedacht wird.

Die Nummer ist glänzend und sicher ein Kabinettstück der Tierdressur, aber es fehlt ihr die innere Logik und eine Pointe, die mehr als nur eine Überraschung bietet. Aber das Hintergründige und Gleichnishafte, das Grock und Rivel boten, geht Popow grundsätzlich ab. Dafür wirken seine Nummern unmittelbarer und, bei aller Unangestrengtheit, spektakulärer. Er braucht keinen Tusch, seine Pointen gehen unmittelbar in Beifall über.

Im Gegensatz zu Grock und Rivel bietet Popow auch keine Entrées, wie man den Auftritt eines Clowns nennt, der eine selbständige Programmnummer bestreitet. Popow versteht sich nur als Reprisen-Clown, als „Pausenfüller", der die Zuschauer zwischen den Darbietungen mit Späßen unterhält. Freilich hat er die Reprisen-Clownerie zum denkbar höchsten Niveau entwickelt. Seine Stärke ist die ausgefeilte „Parodie", die nicht selten an das Original heranreichende, witzige Nachahmung von artistischen Glanzleistungen.

Staunend sieht zum Beispiel der kleine Mann mit der karierten Schlägermütze der Ballerina auf dem Schlappseil zu, die unter donnerndem Applaus ihre Vorführung beendet und graziös schreitend die Manege verläßt. Das müßte man auch können! Popow denkt es augenscheinlich und versucht es gleich einmal. Ängstlich klettert er die Strickleiter hinauf, vor Angst schlotternd setzt er probeweise den Fuß auf das Seil, das sofort bedrohlich zu schwanken beginnt. Aber trotz Hosenflattern versucht er, riskiert er einen Schritt auf dem Seil, der ihm zu seiner grenzenlosen Überraschung gelingt und dem ein spektakulärer zweiter und dritter folgt, die eher „Fast-Abstürze" sind. Am Ende aber stellt sich heraus, daß Popow, der kleine Mann aus dem Volk, so gut wie die berühmte Seiltänzerin ist, daß er ein Meister ist, dem man alles zutrauen kann.

Obwohl er diese Nummer bisweilen auch als ungestüm hinaufkletternder und auf dem Seil torkelnder Betrunkener präsentiert, kommt die Version des Ängstlichen, der es einfach einmal probiert, besser an. Und an dieser Version wird letzten Endes auch der tiefere Grund deutlich, dem Popow seine Beliebtheit verdankt.

Als staunender Zuschauer und Bewunderer einer scheinbar unnachahmlichen artistischen Leistung ist er für das Publikum eine ideale Identifikationsfigur. Stellvertretend für alle staunt er fassungslos, möchte er es am liebsten auch selbst einmal probieren; stellvertretend für alle faßt er sich ein Herz, überwindet er die Angst. Nun wachsen ihm übermenschliche Kräfte zu. In der Freude, die sich im Applaus der Zuschauer entlädt, ist eine große Dosis Triumph enthalten, das Gefühl: „Ich hätte das alles auch geschafft, wenn man mich nur gelassen hätte ..." Popow, der kleine Mann aus dem Volk, träumt für den kleinen Mann aus dem Volk den Traum von der Kraft und der Herrlichkeit.

Dieses Grundgefühl herrscht auch dort vor, wo der Schlaumeier Popow, in Stellvertretung von Herrn Jedermann, eine Leistung nur durch einen faulen Trick nachzuahmen vermag. Er tut das etwa bei einem Perche-Akt, bei dem eine Artistin an und auf einer langen Stange, die ihr Partner balanciert, herumturnt. Da der Clown keinen Partner hat, der die Stange balanciert, legt er sie nach kurzer Überlegung flach auf den Boden und vollbringt bravourös in der Horizontalen, was ihm in der Vertikalen nicht möglich ist. Wie er das vollbringt, ist freilich eine Leistung für sich. Die Vorspiegelung einer schweren körperlichen Anstrengung ist sichtlich so anstrengend, wie es die Leistung selbst wäre – obwohl die Leistung gar nicht vollbracht wird. Es ist dieses Auf-den-Kopf-Stellen der Logik, der Widersinn, der so komisch wirkt, daß sich das Publikum vor Lachen kugelt.

Die Moskauer Circusfunktionäre haben Popow, als er Ende der fünfziger Jahre zum erstenmal im Westen auftrat, als „Clown neuen Typs" vorgestellt und darauf hingewiesen, daß sein Erfolg im Grunde der Leistung eines Kollektivs von Textern und Regisseuren zu verdanken sei. Aber dagegen spricht einiges. Zum Beispiel, daß bereits Karandasch (Michail Rumjanzew) die clowneske Parodie gepflegt hat. Berühmt wurde unter anderem die auf Fahrradartisten mit Hilfe eines Esels, dem er Lenkstange und Sattel aufschnallte und das rechte Hinterbein aufzupumpen versuchte. Aber auch Karandasch ist nicht der Erfinder der Parodie. Er ist nur wie Popow einer ihrer großen Meister.

Gegen die Auffassung von Popow als einem Clown völlig neuen Typs spricht auch die Tatsache, daß er als artistischer Clown das Prinzip von Grock und Rivel vertritt, das vom spezifisch Exzentrischen bestimmt ist, von Einfällen und Gags, die ebenso in einer artistischen Leistung wie in einer komischen Pointe bestehen können.

Neu an dem Clownstyp, den Popow schuf, ist aber zweifellos, daß er weder in die Kategorie des dummen August noch in die des eleganten Weißclowns gehört, sondern eine eigene Gattung darstellt. Die Figur ist dem naiv fröhlichen „Iwanuschka“ aus dem russischen Märchen nachempfunden, einem vitalen jungen Burschen, der ebensogut Blödian wie Schlaumeier sein kann, dem aber nichts schiefgeht, weil er die Volksvernunft repräsentiert.

Das bringt freilich mit sich, daß Iwanuschka stets auch auf den Volksgeschmack abzielt. Zum Beispiel als Meisterschütze, der dem schlotternden Partner eine Zigarette in die Zigarettenspitze schießt, aber natürlich auch in den Hosenboden.

Berühmt wurde auch die Nummer, in der Iwanuschkas Partner, einem dummen August, die Luft wegbleibt: Popow versucht, den in sich zusammengesunkenen Partner mit einer quietschenden Fahrradpumpe wieder auf die Beine zu bringen. Doch das will nicht gelingen, weil der August nicht nur luftleer, sondern auch undicht ist. Erst als ihm der Mund mit einer Rübe verstopft und die Nase mit einer Wäscheklammer zugeklemmt ist, richtet sich der menschliche Luftballon mit jedem Pumpenstoß wieder zu seiner normalen Haltung und Größe auf.

Solche Späße wären allzu harmlos und nicht der Rede wert, wenn sie nicht von einem Vollblutclown wie Popow präsentiert würden. Sein Charme und seine Grazie, seine Mimik und seine Art sich zu bewegen bewirken, daß er mit wenig auskommt, weil er aus wenig viel zu machen versteht. Popow ist ein besonders leiser, unauffälliger Clown, der das anmutig Harmlose kultiviert.

Typisch für ihn ist auch, daß er seine Pointen nur in den seltensten Fällen einmal aus der Schadenfreude schlägt, die beim Durchschnittsclown, vor allem beim dummen August, der ja immer auf den Hintern fällt und mit Wasser begossen wird, der wichtigste Anlaß für Zustimmung und Identifikation ist. Der Lausbub mit der karierten Mütze, der treuherzige Iwanuschka, amüsiert sich nie auf Kosten anderer, er ist zutiefst anständig, er stellt, wie die sowjetische Fachzeitschrift „Teatr“ einmal schrieb, „eine edle humanistische Tendenz“ der sowjetischen Kultur dar.

Vor allem stellt er die edle artistische Tendenz zur Balance und zum Jongleur-Akt dar. Neben seiner berühmten Schlappseil-Nummer, während der er mit allerlei Requisiten jongliert wie Rastelli redivivus, wurde er vor allem auch als jonglierender Koch bejubelt: Nach einer Pferde-Nummer, bei der ein Jongleur auf galoppierendem Pferd mit Flasche und gefüllten Gläsern hantiert, erscheint Popow mit großer

Kochmütze und karierter (oder weißer) Schürze in der Arena und jongliert auf unnachahmliche Weise mit Kochtöpfen, Tellern, Gabeln und einer Kartoffel, die als Schlußgag von hoch oben herunterfällt und genau auf der in den Mund gesteckten Gabel landet.

Die nicht gerade sensationelle Nummer wirkt trotzdem hinreißend, weil der kleine Jongleur so graziös agiert. Es ist vor allem seine Possierlichkeit, die jene Bühnenpräsenz erzielt, die man an ihm so rühmt. Popow ist nicht nur Clown, sondern vor allem Charmeur. „Sunny Clown" nannte man ihn in England und traf mit dieser Bezeichnung das Wesen des Iwanuschka, der etwa unserem deutschen „Hans im Glück" entspricht, sehr gut.

Popow selbst ist damit nicht unbedingt einverstanden, weil er sich weniger als Clown denn als Humoristen sieht. Und zwar ausdrücklich in der Nachfolge Charlie Chaplins, den alle großen Clowns verehren, obwohl er gar kein typischer Clown war. Chaplin, äußerte Popow in Interviews immer wieder, „ist für mich eine Heiligkeit". Und vergißt nicht hinzuzufügen, daß er den Chaplin mit Hütchen, Stöckchen und Schnäuzer meine, nicht den späteren Filmstar, Regisseur und kapitalistischen Produzenten.

Oleg Popow hat sein großes Vorbild freilich erst später gefunden, denn seine Karriere begann er ja als Artist, was Chaplin nie war. Wie bei fast allen großen Clowns blieb auch bei ihm der Weltruhm nicht ohne Einfluß auf den Lebenslauf, wie bei anderen gibt es auch bei ihm mehrere Versionen, die einander widersprechen. Fest steht eigentlich nur, daß er am 3. Juli 1930 in Witrubowo bei Moskau geboren wurde. Wie der parteiamtliche Lebenslauf behauptet als „Sohn eines Arbeiters", wie er selbst sagt, als Sohn eines Arztes und einer Maschinistin. Ungeklärt ist auch, ob er nach der Schule, deren Abschluß mit dem Kriegsende zusammenfiel, Apotheker-, Schlosser- oder Setzerlehrling war. Offiziell heißt es, er habe eine Setzerlehre beim Parteiorgan „Prawda" begonnen, bevor er entdeckt wurde.

Entdeckt wurde er bei einem Sportfest der „Prawda"-Jungarbeiter von Lehrern der staatlichen Circusschule in Moskau, einem hochrenommierten Institut, das seit 1927 besteht und die Elite der sowjetischen Artisten hervorgebracht hat.

Was es für einen Jungen wie Popow bedeutete, an einer Schule wie dieser ausgebildet zu werden, kann man sich ausmalen, wenn man hört, daß sich alljährlich einige tausend junge Leute um Aufnahme bewerben, aber nur ein Bruchteil von ihnen, zwischen hundert und hundertfünfzig, angenommen werden. Die wenigen Glücklichen, die

es schaffen, kommen in den Genuß beträchtlicher Privilegien. Zunächst schon während der Ausbildungszeit, während der sie den Status von Universitätsstudenten haben. Dann in noch höherem Maße als fertig ausgebildete Artisten. Wenn überhaupt in der „klassenlosen Gesellschaft", dann kann man als Klasse-Artist zu höherem und höchstem Einkommen gelangen: Als Popow zum erstenmal mit dem Moskauer Staatscircus ins westliche Ausland reiste – 1957 nach Belgien und Frankreich –, betrug seine Gage schon mehrere hundert Rubel pro Abend. Und wenn er damals als 27jähriger noch nicht „Rubelmillionär" war, wie man es in der Presse lesen konnte, so wurde er es zweifellos bald nach seinen trimphalen Erfolgen im Ausland. Neben dem weltberühmten Bärendompteur Walentin Filatow war Popow der einzige Artist, der auf allen Auslandstourneen des Staatscircus im Programm war. Und bis heute ist er einer der ganz wenigen russischen Künstler, die Engagements in westlichen Ländern annehmen und damit Gagen in harten Währungen kassieren können.
Daß der Schlappseilartist und Jongleur Oleg Popow nach sechs Jahren Praxis (zunächst im Circus von Tiflis, dann in dem von Saratow) schließlich „Humorist" und weltberühmt wurde, verdankt er dem üblichen dummen Zufall: Ein Kollege, der den dummen August spielt, wird plötzlich krank, kann nicht auftreten, irgendwer muß ihn irgendwie ersetzen. Popow schmiert sich ein bißchen Farbe ins Gesicht, greift sich ein Spazierstöckchen und federt in die Manege. Was er, angeblich aus dem Stegreif bietet, ist so hinreißend, daß sofort offenbar wird, wie falsch er bisher eingesetzt war. Mit seiner ersten Clownsnummer schickt man ihn dann auf das kommunistische Jugendfestival nach Warschau, wo sich herausstellt, daß der „neue Typ" auch anderswo ankommt.
Was Popow damals zu Beginn der fünfziger Jahre in der Sowjetunion und auch in Warschau vorführte, war allerdings nicht mit dem zu vergleichen, was er wenig später im Westen präsentierte. Vor allem war er in seinem Vaterland kein unpolitischer Spaßmacher, denn einen Clown, der nur unterhält, gibt es nach Auffassung sowjetischer Kulturideologen gar nicht. Clowns haben nach dieser Auffassung Propagandisten, Agitatoren zu sein, die das Volk belehren. Die Clownsnummern in der Sowjetunion dienen immer auch diesen Erfordernissen; sie enthalten fast immer grobe Dosen politischer Propaganda, deren Ziel vor allem die „westlichen Kriegstreiber und -brandstifter" sind. Unter anderem trat Popow 1967 in einer Festsitzung des Staatssicherheitsdienstes im Kreml auf, wo er einen Sketch aufführte, dessen Pointe

darin bestand, daß er einem westlichen Fotografen, der „unerlaubte Objekte“ aufnehmen wollte, das üble Handwerk legte ...
Oleg Popow hat seit gut dreißig Jahren die undankbare Rolle eines „Staats-Clowns“ gespielt. Eine Chance, die alte Tradition des russischen Clowns zu bewahren, der die politische Satire pflegte, Attacken gegen die Mächtigen führte, hatte er nicht. Die Mächtigen haben ihm dafür mit dem Titel eines „Volkskünstlers“ gedankt, worunter sowohl eine hohe Ehre wie Geldsumme zu verstehen ist. Und mit Privilegien grundsätzlicher Art, die das Leben wesentlich erleichtern. Zum Beispiel wohnt der verdiente Spaßmacher des Volkes mit seiner Ehefrau Alexandra Iljinischna, einer Orchester-Violinistin, die inzwischen als Musikalclown auftritt, im 17. Stockwerk eines Prominentenhochhauses am Kutusow-Prospekt. Seine hohen Einkünfte (eine Quelle spricht von „über 20 000 Rubel“ pro Monat) erlauben ihm ein Herrenleben ohne jegliche Einschränkungen. Im Ausland folgt er seiner Vorliebe für gutes Essen in den entsprechenden Lokalen, deren Speisekarten er sammelt. In seiner Heimat sammelt er auf stundenlangen Waldspaziergängen Beeren und Pilze. Bei Interviews, die er hier im Westen regelmäßig gibt, macht er den Eindruck, als ob er kein Wässerchen trüben könne, gibt er sich vorwiegend heiter und rundum mit sich zufrieden. So etwa wie es Iwanuschka ist, der russische „Hans im Glück“.

Bartel F. Sinhuber

Der poetische Narr von Ascona: Dimitri

„Eines Tages fiel mir in der Wiege ein Paket auf die Nase – und das ist der Grund dafür, daß sie so krumm ist. Mit Hilfe meiner Mutter öffnete ich das kleine, aber recht schwere Paket. Es enthielt viel Papier und zuunterst eine Portion Komik. Dies war ein Geschenk der Feen. Seit jenem Tage glaube ich so fest an ihre Existenz, wie ich an ein früheres und ein späteres Leben glaube, wie ich an den Einfluß der positiven und negativen Kräfte glaube, die uns umgeben."

Es ist nicht nur die „Portion Komik" sondern auch das Märchenhafte dieser Erklärung, die das Phänomen Dimitri, des „Clowns von Ascona", ausmachen. Sein Beruf ist die Konfession seiner Religion, einer Religion des Märchens, des Traums und der Poesie. Dimitris Poesie, seine Träume und Märchen sind bevölkert von Feen und guten Dämonen, Marionetten und Mimen, erleuchtet vom Zauber des Circus und der Bühne und vom Schein unberührter, kindlicher Heiterkeit. Dimitri ist ein Narr unserer Zeit, aber ein poetischer Narr – und das macht seinen Erfolg aus.

Er wurde an einem Sonntag des Jahres 1935 in dem Tessiner Künstlerdorf Ascona geboren. Sein Vater, mit bürgerlichem Namen Werner Jakob Müller, stammte aus Winterthur und lebte dort als Maler und Bildhauer. Er hatte einige Zeit in Paris verbracht und liebte es zu reisen, vorzugsweise nach Griechenland. Dort hatte er einen Freund Dimitri, nach dem er seinen Sohn nannte.

87 Dimitri, 1935 in Ascona geboren, studierte Musik am Konservatorium und erhielt ▶ Ballett- und Akrobatikunterricht. In Paris gehörte er zur Truppe von Marcel Marceau.

88 1959 debütiert Dimitri mit dem ersten eigenen Programm in Ascona; 1971 eröffnet er ein Theater in Verscio/Tessin; 1975 gründet er zusammen mit seiner Frau Gunda eine Theaterschule.

89 Die Stilisierung ist für Dimitri ein wichtiges Mittel der Darstellung: die pantomimische Gebärde und das mimenhaft weiße Gesicht mit der schwarzen Zeichnung.

90, 91, 92 Der Allround-Artist Dimitri.

93 Eine wesentliche Rolle in Dimitris Leben spielt auch die Musik. Er spielt selbst mehrere Instrumente ►
und komponiert gelegentlich.

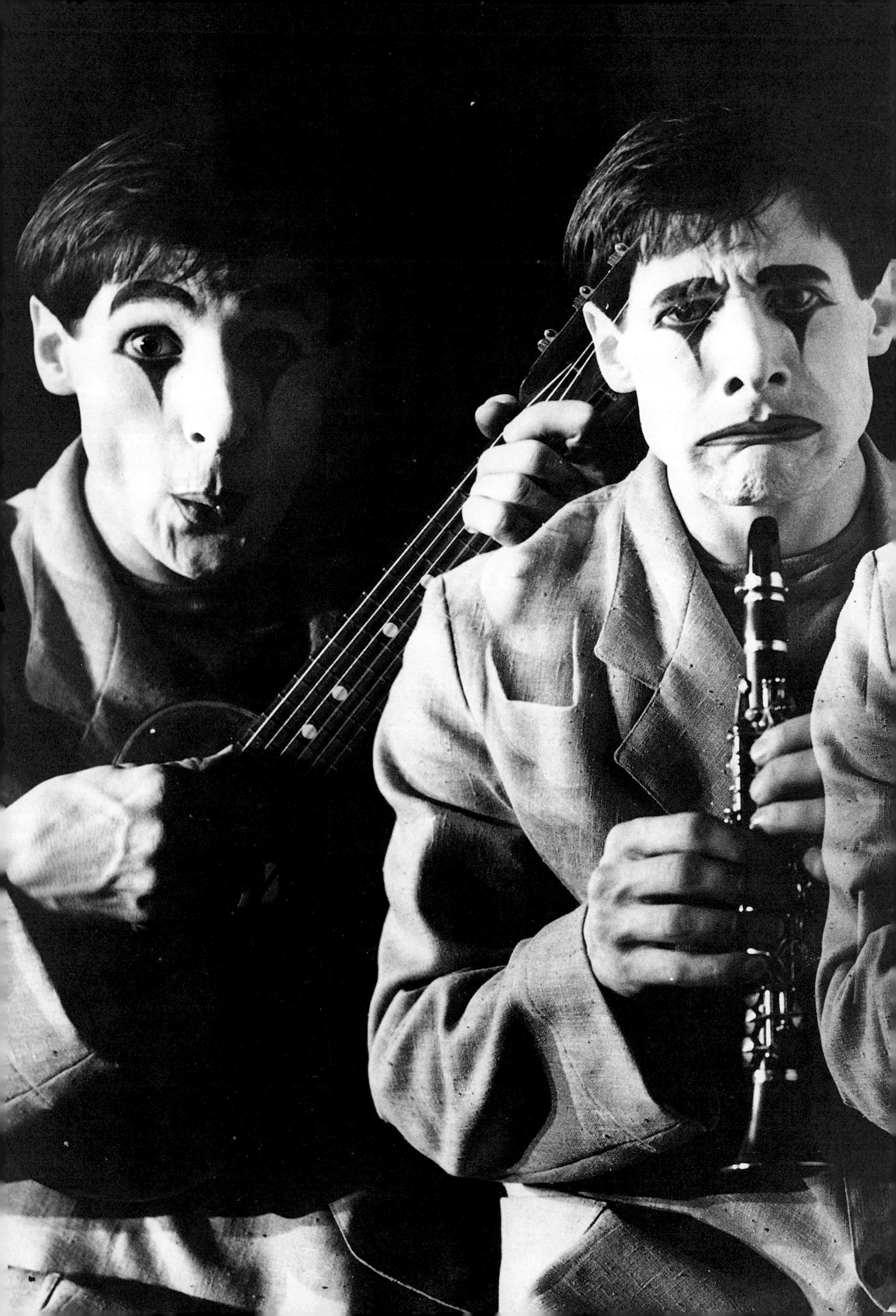

Der Vater war ein ruhiger, schweigsamer Mensch, aber nicht ungesellig, denn in seinem Haus verkehrten viele der damals in Ascona lebenden Künstler, Maler, Bildhauer, Schriftsteller und Astrologen. Dabei war die Familie keineswegs wohlhabend, und der Vater, seinem Studium nach Architekt, konnte sich und die Seinen oft nur dadurch über Wasser halten, daß er hier und da ein Haus entwarf.

Dimitris Mutter, eine etwas rundliche, unsportliche Frau, war Bernerin und hieß Maya – vielleicht weil ihr Vater Russe war. Auch sie war sehr künstlerisch und handwerklich begabt, flocht Körbe und schneiderte phantasievolle Kostüme. Vor allem aber erzählte sie gern Geschichten und dem kleinen Dimitri und seiner Schwester Ninon zahlreiche Märchen, deren geistige Kraft und Symbolik den Jungen faszinierte. Eines der liebsten war Dimitri das Märchen von Ivan, dem Dummkopf, dem die unglaublichsten Dinge zustießen, der jedoch aus allen seinen Abenteuern als Sieger hervorging.

Dimitri wollte Clown werden. Das wußte er von seinem siebenten Lebensjahr an. Jedes Jahr im November gastierte in Locarno der Circus der Gebrüder Knie. Den unumstößlichen Entschluß für seine Berufswahl hatte er getroffen, als er eines Tages im Circus Knie den Clown Andreff sah (mit dem er später zusammen auftreten sollte). Andreff trat in einem modernen Kostüm auf, war unaufdringlich geschminkt und arbeitete mit sparsamen Gesten. Der phantasievolle Siebenjährige war von ihm so in den Bann geschlagen, daß er völlig vergaß, Beifall zu klatschen.

Von diesem Augenblick an bestimmten vor allem Spiel und Heiterkeit sein Leben. Er selbst sagt über jene Zeit: „Meine hauptsächliche Sorge bestand von früh bis spät darin, wie ich andere zum Lachen bringen und neue Späße ersinnen konnte. Für mich war die Schule unwichtig. Was zählte, war das Spiel mit den Kameraden, waren gute Leistungen im Turnen." Sein Interesse an der Schule beschränkte sich auf Zeichnen, Singen, Musik und Geschichte.

Die Welt der Kunst, vor allem der bildenden Kunst, war Dimitri von klein auf durch das Elternhaus vertraut. So sammelt er alle Zeichnungen, Bilder und Porträts von sich – gleichgültig ob er sie von professionellen Künstlern und Künstler-Freunden erhält oder ob begeisterte Kinder sie ihm zusenden. Sie sind für ihn ein Spiegel seiner Wirkung, denn er betrachtet sie mit den Augen eines Unbekannten, eines unbeteiligten Fremden, erkennt in den Übertreibungen von Linien und Farben eigene Züge, die ihm oft noch unbewußt waren, und das verhilft ihm – so sagt er – „zu überraschenden Entdeckungen auf der Suche

◄ *94* Dimitri und seine Nachwuchskünstler.

nach meinem wahren Ich, nach dem kleinen Clown, der in mir steckt und den ich so gern vervollkommnen möchte".

Dimitri erhielt auch Zeichenunterricht, und das Zeichnen ist bis heute eine seiner Lieblingsbeschäftigungen geblieben. Was er zeichnet, werden zumeist Clowns, träumende, fliegende, poetisch verwandelte Clowns. Aber er benutzt den Zeichenstift auch, um eine neue Nummer für sein Programm zu erarbeiten, zeichnet die Phasen der Geschichte, die er erzählen will, und die Requisiten, die er dazu braucht.

Eine wesentliche Rolle in Dimitris Leben spielt schließlich auch die Musik. Vielen Komponisten und Interpreten begegnete er bereits als Kind in seinem Elternhaus. Er selbst spielt mehrere Instrumente und komponiert gelegentlich. Den nachhaltigsten Eindruck machte auf ihn Yehudi Menuhin, den er als Künstler und Menschen zu seinen Vorbildern und Lehrern zählt.

Auch die Tänzerin Charlotte Bara beeindruckte ihn. Nach einem Plan des Bauhausmalers Carl Weidemeyer baute ihr vermögender Mann in Ascona das Teatro San Materno, wo sie auftrat und in den dreißiger Jahren auch eine Schule für Musik, Tanz und Rezitation eröffnete.

Die größten Jugendeindrücke hinterließ jedoch das Marionettentheater von Jakob Flach in Ascona. Flach gehörte wie Dimitris Vater zu dem dort lebenden Künstlerkreis von Komponisten, Musikern, Schriftstellern, Tänzern, Bildhauern und Malern. Dimitris Vater schnitzte für Flach einige Marionetten, und er selbst trat später gelegentlich dort als Sprecher auf. Eine von Flach erfundene Gestalt liebte er besonders: „Grappa" – eine komische Figur zwischen Kasperle und Harlekin, lustig, albern und stets angeheitert. Zweifellos war es das Clowneske dieser Figur, das den Knaben faszinierte und für ihn die gleiche Bedeutung erlangte wie seine Begegnung mit dem Clown Andreff oder auch mit den Cavallinis, die er im Circus Knie sah.

Nach Beendigung seiner Schulzeit absolvierte Dimitri in Bern eine Töpferlehre, daneben übernahm er komische Rollen an Studentenbühnen und studierte schließlich Musik am Konservatorium, außerdem erhielt er Ballett- und Akrobatikunterricht. Anschließend ging er nach Paris, um seine artistische Ausbildung zu vervollständigen. Hier begegnete er Marcel Marceau, seinem wohl wichtigsten Lehrer, von dem er noch heute behauptet, ihn „fast auswendig zu kennen". Seine erste wichtige Etappe war die Zeit, da er als Mitglied von Marceaus Truppe im Théâtre de l'Ambigu auftrat. Auch sein erster Circusauftritt war in Paris im Cirque Medrano als Partner des Clowns Maïsse.

Dann war es soweit: 1959 kehrte er nach Ascona zurück und bereitete sein erstes eigenes Programm vor, mit dem er in Flachs Marionettentheater debütierte. Dort trat er an drei Abenden in der Woche auf, an drei weiteren Abenden spielte das Marionettentheater und am siebten Abend diente das Theater der protestantischen Diaspora als Gottesdienstraum.
Der bis dahin unbekannte Pantomime/Clown hatte rasch Erfolg. Gastspiele in Zürich, Berlin, München und Wien schlossen sich an. Weitere folgten im Laufe der sechziger Jahre in Amsterdam, Brüssel, Paris, Prag, in Italien, Spanien, Israel und den USA. Dimitri war Gast der Mimenfestivals in Berlin, Zürich, Prag und La Crosse. 1970, 1973 und 1979 ging er mit dem Circus Knie auf Tournee, anschließend reiste er mit eigenem Programm durch die Schweiz, die USA und Frankreich. Er erhielt zahlreiche Auszeichnungen, darunter den „Grock-Preis" und die „Maschera d'argento".
Dimitri liebt den Erfolg und den Beifall des Publikums. Er ist gern der Star des Abends und freut sich, wenn er seinen Namen in der Zeitung liest. Und er gibt dies auch unumwunden zu. „Clowns sind Leute", meint er, „die sich gern ausdrücken und zeigen, was sie können. Sie gleichen darin einem Kind, das die Erwachsenen, sobald es etwas Neues gelernt hat, stürmisch am Arm zieht und ruft: ‚Schau, was ich kann, schau, wie gut ich es kann!!' Der Clown scheut sich nicht, sich selbst dessen zu rühmen, was er kann. Er ist nämlich stolz auf seine Fortschritte. Oder er weint, wenn ihm nicht alles nach Wunsch läuft."
Weinen und Lachen sind für Dimitri ureigenste menschliche Gefühle, sind echter und spontaner Ausdruck von Stimmungen und Empfindungen. Daß er Clowns mit Kindern vergleicht, kommt nicht von ungefähr. Immer wieder studiert er ihr Verhalten, ihre Bewegungen und Reaktionen. Kinder sind für ihn nicht nur rein, unschuldig und spontan, er weiß, daß sie auch gewandter, geschmeidiger, findiger sind als die Erwachsenen. Neben Charlie Chaplin und Buster Keaton, neben Grock und Popow zählt Dimitri die Kinder zu seinen wichtigsten Vorbildern. Die Kinder sind dem Clown wesensverwandt, und er hat wie sie noch einen Fuß im Paradies, er weiß, was Glück und Heiterkeit bedeuten und kennt die Wurzeln von Einfalt und Wahrheit. Und er vermag auf anrührende Weise Glück und Schmerz, Freude und Trauer darzustellen. Das Lustige, worüber die Leute lachen, ist die Übertreibung ins Groteske und die Stilisierung, die alles Unwesentliche fortläßt und dadurch das Wesentlichte hervorhebt.
Gerade die Stilisierung ist für Dimitri eine wichtiges Mittel der Dar-

stellung: die pantomimische Gebärde und die Clowns-Maske. Dimitri liebt seine jungenhaft langen Haare, die er nie unter einer Perücke oder falschen Glatze versteckt. Und da er auch die Schminke sparsam aufträgt, bleibt er im Clownskostüm immer als Person erkennbar. Andererseits hebt die Maske seines mimenhaft weißen Gesichts mit der schwarzen Zeichnung seine Individualität auf, macht ihn zur Kunstfigur und vermehrt die Möglichkeiten des Spiels. Für Dimitri bedeutet das die Ausweitung der Realität in die Bezirke von Traum und Poesie.

Beides sind Schlüsselworte für seine Arbeit. Eine ähnliche Bedeutung wie der Traum und die Poesie hat für ihn der Zufall. All diese Dinge sind für ihn bestimmende Werte, die er dem Publikum vermitteln will, wenn er in der Manege oder auf der Bühne steht. „Was beunruhigend wirkt“, meint er, „ist, daß der Mensch unseres Jahrhunderts die Fähigkeit verloren hat, sich gegenüber der Welt zu öffnen, daß er immer weniger für das Imaginäre, für Poesie, Sprache und Zufall empfänglich ist. Denn der Zufall existiert: Man kann es auch eine Art Schicksal nennen. Man trifft nicht diese oder jene Person um diese oder jene Zeit, an diesem oder jenem Ort, ohne daß dies eine ganz bestimmte Bedeutung hat.“

Traum, Poesie und Zufall spielen auch mit, wenn Dimitri eine neue Nummer erfindet und erarbeitet: Er zeichnet einen Clown. Dieser Clown tut Dinge, die weder er selbst noch ein anderer Mensch zustande brächte – etwa fliegen. Der Clown will die Menschen bessern, sie vor allem Negativen in der Welt bewahren. Er zeigt ihnen, wie man dem Schmutz, dem Lärm, der Gewalt in der Welt entrinnt, indem man sich dorthin zurückzieht, wo es keine Grenzen und Behinderungen mehr gibt – in die Luft. Natürlich kann der Clown nur im Traum und auf der Zeichnung fliegen. In der Realität bietet sich hierfür das über der Erde schwebende (gespannte) Seil an. Es entsteht eine Nummer, bei welcher der Clown all das auf dem Drahtseil tut, was er normalerweise auch tut: essen, schlafen, spielen, musizieren.

Nun sollte jedoch der Clown bei seiner Suche, der Welt zu entfliehen, die Lösung mit dem Seil zufällig finden. Das Publikum sollte nicht schon zu Beginn wissen: Aha, jetzt kommt eine Seiltanznummer. So erfand er mit Hilfe eines befreundeten Ingenieurs einen raffinierten Apparat, der ganz anders aussah als die üblichen gekreuzten Stangen, zwischen denen bei einer Seiltanznummer das Drahtseil gespannt wird. Zur weiteren Verschleierung wurde an dem Seil ein Vorhang befestigt, so daß das Ganze aussah wie eine Bühne auf der Bühne.

Diese Grundanordnung hatten den Vorteil, daß die Hauptspielfläche nicht das Seil, sondern der feste Bühnenboden war, denn eine ganze Nummer auf dem Seil ist selbst für einen Allround-Artisten wie Dimitri eine kaum zu bewältigende Anstrengung und überdies rein körperlich und technisch eine Beschränkung der Darstellungsmöglichkeiten. Daraus ergab sich schließlich die Grundidee der Story: Dimitri spielte zwei Personen gleichzeitig – den Clown, der auf dem Seil leben will, und den Bühnenwart, der ihm ständig jene Sachen wegnimmt, mit denen er auf dem Seil spielen will.

Eine andere ungewöhnliche Nummer erfand er für seine erste Tournee 1970 mit dem Circus Knie: Der Clown erhält vom Direktor des Circus den Auftrag, einen Elefanten zu waschen. Er betritt die Manege und zieht hinter sich an einer Schnur einen kleinen Spielzeugelefanten, den er sogleich eifrig abzustauben beginnt. Dann kommt der richtige Elefant in die Manege. Der Clown hat Angst und weigert sich. Man überredet ihn und bringt ihm Leiter, Eimer und Bürste. Umständlich klettert er auf den Rücken des Elefanten, um oben festzustellen, daß er die Bürste vergessen hat. Er klettert wieder herunter und wieder hinauf und hat den Eimer vergessen. Als er endlich alles oben beisammen hat, nimmt ihm der Elefant die Leiter mit dem Rüssel weg. Nun will er ihm die Zähne putzen und füllt den Eimer mit frischem Wasser, aber als er sich umwendet, spritzt ihn der Elefant mit dem Rüssel von hinten naß. Zuletzt kriecht er unter den Bauch, aber da legt sich der Elefant hin, und man sieht unter der Riesenmasse nur noch die Arme und Beine des Clowns hervorschauen. Das sah weit gefährlicher aus, als es in Wirklichkeit war, denn der Elefant stützte sich so auf seinen Vorderknien auf, daß zwischen Boden und Bauch gerade genug Platz für einen liegenden Menschen blieb. Dann endlich hat der Elefant genug von der umständlichen Säuberungsaktion; er packt den Clown mit dem Rüssel, dreht ihn ein paarmal hin und her und trägt ihn aus der Manege.

Für diese Nummer probte Dimitri mit dem Elefanten Sandri ein volles Jahr. Die Grundidee beruhte auf dem grotesken Größenunterschied der beiden ungleichen Partner. Dimitri erinnert in diesem Zusammenhang an Charlie Chaplin, „der sich in seinen Filmen oft mit wahren Kleiderschränken, schnauzbärtigen Polizisten etwa, herumschlagen muß. Wie winzig, hilflos und verloren wirkt doch Charlie neben diesen baumstarken Kerlen!"

Übrigens hatte die Geschichte noch einen privaten Aspekt. Bis dahin hatte Dimitri – abgesehen von Katzen – wenig Kontakt und Beziehung zu Tieren gehabt. Aber Sandri hatte den Vorteil, Elefant zu sein, und

Elefanten hatte Dimitri seit seiner frühesten Jugend immer wieder gezeichnet und geschnitzt und schließlich gesammelt. Heute besitzt er eine in die Hunderte gehende Sammlung von Elefanten in allen Größen und Materialien. So verband ihn mit der Elefanten-Dame Sandri bald eine herzliche Freundschaft; und selbst Jahre später erkannte sie ihn bei gelegentlichen Besuchen wieder.
Wenn Dimitri nicht auf Tourneen oder Gastspielreisen ist, lebt er mit seiner Frau Gunda und den Kindern Nina, Mascha, David, Ivan und Mathias (Mascha und David besuchen bereits die Circusschule in Budapest) in dem kleinen Ort Verscio unweit seines Heimatstädtchens Ascona. Hier eröffnete Dimitri 1971 ein eigenes Theater und gründete zusammen mit seiner Frau im September 1975 eine in Europa einmalige Theaterschule, in der nach seinen persönlichen Vorstellungen die verschiedenen Disziplinen des Theaters – mit Betonung des körperlichen Ausdrucks – gelehrt werden: Pantomime, Tanz, Akrobatik, Jonglieren und Improvisation beispielsweise. Hier werden bis zu vierzig Schüler zwischen 17 und 27 Jahren drei Jahre lang von erfahrenen Lehrern unterrichtet. Im dritten Jahr können die Schüler ihre erworbenen Kenntnisse in der von Gunda Dimitri geleiteten Compagnia Teatro Dimitri in der Praxis erproben.
Die Produktionen der Compagnia werden nicht nur im Teatro Dimitri selbst aufgeführt, sie gehen anschließend auch auf Tournee durch die Schweiz und ins Ausland. Bereits das erste Stück „Il clown è morto, evviva il clown!“ (Der Clown ist tot, es lebe der Clown!) war eine Auftragsarbeit für die Berliner Festwochen 1978. Das Thema ist uralt: Harlekin darf nicht sterben. Dimitri ersann danach eine Geschichte von einem Clown, der stirbt. Und kaum ist er tot, muß seine Rolle sofort von jemand anderem übernommen werden, damit der Circus wieder einen Clown hat und weiterarbeiten kann. Das Stück spielt auf zwei Ebenen, denn die Spieler der Truppe stellten die Mitglieder eines Circus dar, die eine Pantomime aufführen, in der eben jene Geschichte von dem Clown, der stirbt, erzählt wird.
Für Dimitri wurde diese Arbeit besonders wichtig: „Dieses Stück markiert einen Wendepunkt in meiner Arbeit. Es hat mich näher an die Bühne, an das Theater herangebracht und mir die Idee gegeben, es einmal mit einem Partner zu versuchen, wenn sich die Gelegenheit bietet.“
Tatsächlich sind Dimitris Vorstellungen seit Jahren Solo-Auftritte, oft abendfüllend wie seinerzeit die Programme, mit denen Marcel Marceau in den fünfziger und sechziger Jahren auf Tournee ging. Doch bei

allem Einfluß, den die Kunst der Pantomime auf seine Darstellung gehabt hat, ist Dimitri in erster Linie ein Clown, ein Circus-Clown, wie er oft genug – etwa bei seinen Tourneen mit dem Circus Knie – bewiesen hat. Dabei zehrt er von seiner umfassenden artistischen Ausbildung. Und er hat Freude an der Vielfalt dieses Berufes.
So zählt zu seinen bewunderten Vorbildern auch der in New York lebende Franzose Philippe Petit, der sich gelegentlich den Spaß macht, als Clown, Jongleur und Seiltänzer auf der Straße aufzutreten – ohne Gage und zum Gaudium der Passanten.
Daß die Arbeit an seiner Schule in Verscio und mit der eigenen Compagnia ihn seit einigen Jahren dem Theater näherbringt, hat ihm keineswegs zwangsläufig die Lust am Artistischen genommen. Eher erweitert er in diesen Produktionen durch seine Erfahrungen in der Manege die Möglichkeiten der Bühne, für die er neue Formen der Darstellung sucht, probiert und findet. Für Dimitri selbst gilt, was er ganz allgemein über den Clown sagt: „Der Clown ist ein ewig Suchender. Er sucht nach Glück, nach Heiterkeit, nach Einfalt – ein Typ, der die Allüren eines Kräutersuchenden hätte, wenn die Wahrheit eine Blume wäre."

Toni Meissner

Auf der Reise zum Regenbogen: Pic und Pello

Das „schönste aller visuellen Spiele“, wie Théophile Gautier den Circus genannt hat, lebt von Glanz und Flitter, vom Exotischen, Niegesehenen, Unerhörten, vor allem aber und immer auch von der „Überleistung“, dem Überschreiten von Grenzen, die dem Menschen von seiner Natur gesetzt sind. Der Mensch als Herr über die „Dummheit“ des Tieres, die „Grausamkeit“ der Bestie, als Überwinder der Schwerkraft, als Herkules und Riese, als „Übermensch“ ist es, der uns im Circus verblüfft und Bewunderung abnötigt.

Wie wohltuend und das Selbstgefühl beruhigend ist es da, auch das Gegenteil zu erleben, den allzu menschlichen Menschen, den scheiternden, den, dem mehr mißlingt als gelingt, der überall aneckend und stolpernd durchs Leben taumelt und stets auf die Nase fällt – den Clown. Der klassische Circus-Clown gibt sich der Schadenfreude preis, um die Schwierigkeiten der menschlichen Existenz bewußt zu machen; er scheitert stets auf die lächerlichste Art, seine Späße sind gleichsam ein Salto rückwärts aus dem Tragischen ins Komische.

Nicht nur die tollpatschigen Teppich-Clowns, die zum Zeitvertreib des Publikums während der Umbauten einander Tritte versetzen, auch die Stars unter ihnen, die Charakterclowns, haben seit jeher aus dem Gegensatz zwischen Übermensch und Versager Nutzen gezogen, haben die Sympathien damit gewonnen, daß sie das Unzulängliche darstellten, das Nicht-Hinauskommen über Anfänge, das Scheitern an

95 Pic, der romantisch verspielte Clown des Circus Roncalli.

96, 97, 98 Als Kellner gekleidet eilt Pic in die Manege mit einem Tablett, auf dem unzählige Glocken stehen.

99, 101, 102, 103, 104 Der Höhepunkt des Programms: In einer Sternenkugel rollt Pic in einem nachtblauen Phantasiekostüm als „Pierrot Lunaire“ in die Manege, taucht seinen Zauberstab in einen Sterneneimer und bläst in allen Farben des Regenbogens schillernde Seifenblasen.

105, 106, 107 Pic und Pello unterhalten das Publikum mit einem Ballspiel.

108, 109 Pello – ein Clown, der selten lacht.

110 Pic und Pello – die beiden Stars des Circus Roncalli: Clowns im Circus, aber keine Circus-Clowns.

der Tücke des Objekts oder (menschlichen) „Subjekts" gemäß Wilhelm Buschs Wort: „Die Schwierigkeit ist immer klein, man muß nur nicht verhindert sein."

So betrachtet sind Pic und Pello, die beiden Stars des Circus Roncalli atypische Clowns. Sie haben weder viel zu große Schuhe an, über die sie stolpern, noch geben sie einander klatschende Ohrfeigen. Pic und Pello bieten sich nicht als Märtyrer der Unzulänglichkeiten an, die stellvertretend für alle scheitern, sie bieten Clownerien völlig anderer, besonderer Art und gehören gerade deshalb zu den Stars unter den zeitgenössischen Clowns.

Nennen wir sie nicht Clowns, nennen wir sie Komödianten, Pantomimen, Gaukler, Magier, Verzauberer. Ihre Szenen und Entrées leben mehr von der Poesie als der Pointe, viel mehr vom Stimmungsvollen als vom Komischen, entbehren der Komik aber durchaus nicht.

Im inzwischen schon legendären Programm des Zirkus Roncalli, das „Die Reise zum Regenbogen" heißt, sind sie von Anfang bis Ende in der Manege, als Pausen-, Reprisen- und Entréeclowns, die eine dramaturgisch wichtige Funktion haben. Sie stellen in ihren über zehn Auftritten einen durchaus neu zu nennenden Clownstypus dar, der das Tragikomische allenfalls in der Färbung des Heiter-Melancholischen präsentiert. Natürlich gab es auch das längst schon und immer wieder einmal, aber selten so liebenswürdig und eindrucksvoll wie bei Pic und Pello.

Ihr erster Auftritt ist eine groteske Pantomime, die auf listige Art eine Brücke von der Realität des Alltags zur Illusion des Circus baut. In wechselnden Masken, die der Physiognomik der Schweizer Fastnachtslarve nachempfunden sind, huschen, trippeln, watscheln, stampfen sie als letzte und allerletzte Zuschauer ins Circuszelt, bieten sie eine ironische Typologie des Menschlichen: Da kommt der Klobige, der allen auf die Füße tritt, der rücksichtslose Angeber, der sich wie Graf Koks aufspielt, aber auch der Bescheidene, der nur ein Viertel seines Sitzplatzes beansprucht, und die Schüchterne, der es so außerordentlich peinlich ist, daß sie den anderen ihre Gegenwart zumutet; der Zerstreute gerät natürlich mehrmals in die falsche Reihe, und das alte, tatterige Ehepaar ist so umständlich, daß es schon vom Platznehmen völlig überfordert wird. Diese ohne Tusch und Ansage beginnende erste Programmnummer der „Reise zum Regenbogen" ist ein ebenso guter Einfall wie sie eine erstklassige Pantomime ist, zumal die letzten und allerletzten Zuschauer zur gleichen Zeit ins Circuszelt hereintröpfeln und sich mit sich selbst konfrontiert sehen.

Pic und Pello erfüllen im Circus Roncalli die Aufgabe des Conférenciers oder Sprechstallmeisters, der seit eh und je die Superlative, die „Weltsensation“, das „nie Dagewesene“, zum „erstenmal Gezeigte“ unter Trommelwirbel ankündigt. Mit ihren Auftritten leiten Pic und Pello jeweils zur nächsten Programmnummer über. Zum Beispiel schreitet Pello als Kopffüßler, der geradewegs aus der Vorstellungswelt des Hieronymus Bosch herbeigeeilt scheint, im Gleichschritt mit einem Dressurpferd aus der Manege, zum Beispiel serviert Pic während eines Umbaus dem Publikum auf einem Tablett Glöckchen und Glocken, um mit ihm zu musizieren. Das uralte Schellenspiel der Clowns als Bindemittel zwischen Artist und Zuschauer, als Mittler von Harmonie: Auf sein Handzeichen hin gelingt den im ganzen Zelt verteilten Mitwirkenden eine stimmungsvolle Melodie, die nicht immer auf Anhieb klappt, aber immer gefällt, weil sie Gefühle der Gemeinsamkeit erzeugt.

Die Jongleur-Nummern von Pic und Pello – einer des anderen Partner, auf ihm, neben ihm, von ihm unterstützt oder buchstäblich gestützt – sind nicht sensationell, aber gekonnt und haben, was ebenso wichtig ist, Charme. Den unbestrittenen Höhepunkt des Programms bestreitet Pic dann allein:

In einer Sternenkugel rollt er in die Manege, entsteigt ihr in einem nachtblauen Phantasiekostüm, als „Pierrot Lunaire“, als Mondclown, der den Märchenträumen entstammt. Scheinwerfer beleuchten die Szenerie mit blauem Licht, sie wird zum Schauplatz eines Gleichnisses von der Vergänglichkeit: Der Mondclown taucht seinen Zauberstab in einen Sterneneimer und bläst geheimnisvoll herrliche, in allen Farben des Regenbogens schillernde Seifenblasen. Kleine zunächst, dann immer größere – das Zauberstäbchen wird zur Zauberstange! – zum Schluß die größten, die man jemals zu Gesicht bekam. Der Mondclown staunt die schillernden Gebilde an, läßt sie über seinen Körper gleiten, neckt sie, die ihn narren, läßt sie auf seiner Nase tanzen oder entschweben, bis sie schließlich zerplatzen. „Ich erzähle vom Tod und der Vergänglichkeit“, interpretiert er diese Nummer, „die Blasen platzen und vergehen. Wenn man an den Tod denkt, macht man mehr aus dem Leben. Die kleine winzige Seifenblase wird solange beschützt, bis sie zerplatzt.“

Auch Pello hat noch seinen großen Auftritt, den einfachsten, den man sich denken kann, und wirkungsvollsten zugleich: „Seltsamer Plan zu träumen, diesen Traum greifbar zu machen, um dann wieder zum Traum zu werden in anderen Menschen.“ Dieses Wort von Jean Genet steht als Motto über der Reise zum Regenbogen. Und es erfüllt sich in jenem Clown, der am Ende des Programms traumverloren einsam in der Mitte der Manege steht, der zum Abschied winkt und dem Zuschauer einen schönen bunten Traum mit in den Alltag gibt. Pello, der diese Szene als Weißclown spielt, zeigt sich selbst beeindruckt von ihrem Symbolgehalt: „Mir geht die Bedeutung dieser Szene oft ganz tief, ich bekomme eine Gänsehaut. Oft auch macht mich der Abschied traurig."

Der Circus Roncalli – der Familienname des Papstes Johannes XXIII. wurde gewählt, weil er so „magisch" und nach Circus klingt – wurde 1976 als Versuch des Wortzauberers und Sprachartisten André Heller gestartet, nicht nur mit seinem Partner Bernhard Paul, sondern mit möglichst vielen Menschen „einen gemeinsamen Traum zu träumen", den Wunschtraum von der guten alten Zeit, die besaß, was so glücklich macht, Menschlichkeit, Phantasie und Poesie. Als nach wenigen Wochen schon der Wirklichkeit gewordene Wunschtraum trotz jubelnder Kritiken und ausverkaufter Vorstellungen ausgeträumt war, schien der aus Nostalgie und Enthusiasmus geborene Circus Roncalli an der Konkurrenz des modernen Großcircus mit seinen Sensationsprogrammen gescheitert zu sein. Daß seiner zweiten Ausgabe – nun ohne Heller – ein so dauerhafter Erfolg beschieden war, bestätigte die Überzeugung des Circus-Freaks Bernhard Paul, daß das Publikum vor allem das Atmosphärische des Circus sucht, weil ihm das Sensationelle heutzutage im Übermaß geboten wird.

Aber war es wirklich nur die Atmosphäre von Opas Circus, die das Publikum so verführte, waren es die von Kölner Kunststudenten so liebevoll renovierten, teilweise hundert Jahre alten Circuswagen, waren es die Damen mit Strapsen, die Stelzenläufer und Gnome, die den Zuschauer schon am Eingang mit Konfetti bestreuten oder ihm mit Rouge die Nase färbten, waren es die goldenen Muskelmänner, war es die mit 5 000 echten Pfauenfedern geschmückte Artistin, die als Schmetterling durch die Manege schwebte, die Roncalli so berühmt machten? Wie viele Kritiker zum Ausdruck brachten, waren es auch, ja vor allem die beiden Clowns aus der Schweiz, Pic und Pello: Keine Kritik, die nicht sie vor allen lobte, die nicht die Zuschauer-Pantomime, das Schellenspiel, den Mondclown als Höhepunkt beschrieben.

Pic und Pello, zunächst dem gutbürgerlichen Beruf des Lehrers nachgehend, hatten beide das notorische Clownserlebnis in früher Jugend. Es begann mit den üblichen ersten Versuchen im Clownskostüm bei Kindergeburtstagen, beim täglichen Spiel in Haus und Garten. Auch

Schule und Berufsausbildung machten die geheime Sehnsucht, ein Spaßmacher zu werden, nicht vergessen.
Pic, Sohn eines Kunstmalers und einer Schneiderin aus St. Gallen, sah seinen ersten Clown als Fünfjähriger im kleinen Wandercircus Pilatus und vergaß ihn nie. Als er zwei Jahre später von einem Circus hörte, dessen Zelt von einem Sturm zerfetzt wurde, malte er einen besonders schönen Clown und bot ihn zum Verkauf an, damit er mit dem Erlös die in Schwierigkeiten geratene Circusfamilie unterstützen könne. Die Finanzspritze – er schickte den Verkaufserlös tatsächlich an die Circusfamilie – erwies sich als unzulänglich, nie mehr hat er von seinem Circus gehört.
Pic, der angehende Lehrer, war zugleich auch ein angehender Clown. Schon als Sechzehnjähriger gefiel er bei öffentlichen Veranstaltungen mit selbstgestaltetem Programm als Clown, Pantomime oder Conférencier. Im Alter von neunzehn Jahren trat er zum erstenmal auf einer Kellerbühne in St. Gallen auf, sein Bruder Fritz Hirzel, ein Journalist und Schriftsteller, hatte das Programm mitgestaltet. Die Parodien und Conférencen, vor allem auch die Pantomimen, die Marcel Marceau nachempfunden waren, kamen beim Publikum ausgezeichnet an.
Während er an einer Primarschule zehn- bis zwölfjährige Knaben unterrichtete, trat er gelegentlich mit einem zweiten abendfüllenden Programm in Kleintheatern auf. Dann aber ging er in der Erkenntnis, daß er erstens nicht mehr länger Lehrer sein wollte und zweitens noch viel lernen mußte, an die renommierte Schauspielschule von Jacques Leqoc in Paris. Dort lernte er den zwei Jahre älteren Pello kennen.
Pello, Jahrgang 1947, ist der Sohn eines Lehrers. Schon bei seinem ersten Auftritt in der Öffentlichkeit, als Hirte in einem Krippenspiel, bekam er Applaus: Er hatte die beiden Sätze, die er sprechen mußte, so komisch verdreht, daß das Publikum entzückt war. Der Beifall gefiel ihm über die Maßen. Pello: „Vielleicht war das der Anfang meiner Freude an der Komik". Die Vorübungen zu seinem Traumberuf beschrieb er in einem Interview so: „Wir haben bei uns im Garten auf der kleinen Wiese hinter dem Haus Circus gespielt. Wir haben Tabourettes zu Pyramiden aufeinandergeschichtet, wir haben alte Veloschläuche zu Ringen geschnitten und daraus Hartgummibälle gefertigt, mit denen wir jonglieren konnten. Dort sind auch die ersten Clownsnummern entstanden. Als Kostüm dienten des Vaters Gartenkleider. Clownsnummern bestanden damals darin, einander Ohrfeigen und Fußtritte zu geben. Etwas anderes habe ich gar nicht gekannt."
Pello wurde zunächst Berufsschullehrer, fühlte sich aber von der Auf-

gabe, pro Woche zweihundert Schüler in acht Fächern zu unterrichten, überfordert. Da er überall, wo es möglich war, Theater spielte, lag es nahe, aus dem leidenschaftlich betriebenen Steckenpferd schließlich einen Brotberuf zu machen. In den Jahren 1972 bis 1974 absolvierte er die Schauspielschule Leqoc, die er als „hart und physisch anstrengend" erlebte. Sein Landsmann Pic war in der gleichen Klasse.

Pic über die erste Zusammenarbeit mit Pello: „Pello und ich fanden schnell Kontakt, und schon nach ein paar Wochen haben wir an unserer ersten Circusnummer gearbeitet. Obwohl wir während der Schulzeit nicht auftreten durften, sind wir zum Direktor des Cirque d'Hiver, dem großen Bouglione, gegangen, um ihm eine Hutnummer vorzuführen. Der hat sich nicht einmal hingesetzt und wurde auch noch mitten im Auftritt ans Telefon gerufen. Ihm gefiel die Nummer. ‚Ich melde mich bei Euch' hat er noch gesagt. Bis heute haben wir nichts mehr von ihm gehört."

Bevor aus den beiden Freunden das erfolgreiche Duo Pic und Pello wurde, spielte Pello mit einem italienischen Kollegen Straßentheater in Italien und Südfrankreich. Die Vorstellung, die artistische Elemente enthielt, wurde in der folgenden Saison von einem französischen Circus in sein Programm aufgenommen. Ein Jahr später hieß der Partner dann aber schon Pic. Die beiden hatten sich zusammengeschlossen, um Straßentheater für einen guten Zweck zu machen. Pic: „In St. Gallen wollte man gerade durch ein älteres Wohnquartier eine Straße ziehen, die Häuser dort abreißen ... Wir waren siebzig Leute, die dort arbeiteten, und die Zuschauer kamen, waren begeistert und berührt, es kam zu einer Bürgerinitiative, und die Häuser blieben stehen. Das Plätzchen heißt seitdem ‚Pic-o-Pello-Platz'."

Das Programm hieß ebenfalls Pic-o-Pello, obwohl es nicht von den beiden Komödianten allein, sondern auch von zahlreichen Laiendarstellern bestritten wurde, die nie zuvor aufgetreten waren. Pello: „In jeder Stadt gibt es Leute, die irgend etwas Ausgefallenes machen. Einer übt vielleicht insgeheim mit seinem Hund, ein anderer ist Amateur-Feuerfresser oder Hobbyzauberer, oder einer hat eine Tellernummer. Der starke Weinlieferant ist womöglich ein herrlicher Kraftmensch und die Serviererin vom Stadtcafé ein Nummerngirl." Wen wundert's, daß der Volkscircus zum Erfolgscircus wurde, die zirzensische Demonstration rettete das St. Gallener Wohnquartier.

Pic ging im folgenden Jahr allein mit dem Programm „Le grand Gogo" auf Tournee, Pello unterstützte und organisierte zwei weitere Bürgerinitiativen. 1978 erarbeiteten die beiden das Programm „Pic und Pello kommen auf Besuch", das der Schweizer Kabarettist Emil Steinberger in München sah und das ihn so begeisterte, daß er seinem Freund Bernhard Paul die beiden empfahl. Pic und Pello waren ihrerseits begeistert von der Roncalli-Idee und sagten sofort zu. Pic: „Wir hatten Projekte, aber ich konnte einfach nichts anderes mehr machen, weil diese Circusidee mich so faszinierte. Es hat gebrannt, in der ersten Nacht, als ich bei Bernhard Paul in Köln war."

Pic und Pello über ihre gemeinsame Reise zum Regenbogen: „Es gibt bei uns keinen Guten und keinen Bösen, keinen Starken und keinen Unterlegenen, wir amüsieren nicht auf Kosten des anderen, wir sind demokratische Clowns, die vor allem für die Schwachen und Verlierer eintreten." Das Gemeinsame von Pic und Pello ist nicht nur das perfekte Zusammenwirken beim Einander-Bälle-Zuwerfen, es besteht auch in einer gemeinsamen Grundauffassung. Beide, der leicht wirkende Pic und der ernst, ja melancholisch erscheinende Pello, sehen den Sinn ihrer Arbeit in einer Synthese aus sozialem Engagement, das durch Clownerien mit Hintersinn geweckt wird. Sie wollen nachdenklich machen, den Gemeinschaftssinn stärken, Toleranz wecken. Die Reise zum Regenbogen, auf der sich Artisten und Zuschauer ja verbrüdern (sollen), ist gerade ihnen beiden ein Anliegen. Sie faßten ihr Engagement bei Roncalli als Glücksfall, nicht als Job auf. Wobei der Unterschied zu machen ist, daß Pic, der extravertierte Komödiant, auch mit den äußeren Umständen in der Circusgemeinschaft gut zurechtkommt und sich wohlfühlt, während der introvertierte Pello sich sein Engagement für die Vermenschlichung des Lebens zwar auch in einer Gruppe bestehend aus Clowns, Artisten und Schauspielern vorstellt, aber möglichst in einer kleineren, mit der er durch die Lande tingelt ...

Das Programm des Circus Roncalli endet mit dem Weißclown Pello, der winkt, als gälte es Abschied zu nehmen für immer. Die Zuschauer sind gegangen, die Lichter verlöschen, das Spectaculum ist zu Ende, es bleibt der Traum von einer farbigeren, menschlichen, besseren Welt. Federico Fellinis Film „Die Clowns" hat einen ähnlich sentimentalen, ähnlich versöhnlichen Schluß. Die beiden Antagonisten, der Weißclown und der August, begegnen sich und verlassen nebeneinander, miteinander die Szene, die Gegensätzlichkeiten der menschlichen Natur vergessend. Genau das ist es, was Pic und Pello vorschwebt und was sie so sympathisch macht.

Karl Hoche

Der anarchistische Knallfrosch: Jango Edwards

Bei Sätzen wie „Es gibt keine großen ... mehr“ ist allzeit Vorsicht am Platze. Vielleicht gibt es die großen ... nur nicht mehr in der Form, wie man sie gewohnt ist. (Nebenbei gefragt, waren die großen ... tatsächlich immer groß?) Nun soll es auch keine großen Clowns mehr geben. Ist das wirklich wahr?
Muß sich ein Clown denn immer „Clown“ nennen? Er könnte doch beispielsweise als Rocksänger auftreten wie Mick Jagger oder als „Blödelbarde“ wie Otto Waalkes. Clowns haben schon seit jeher gern und viel Musik gemacht, Musik auf lächerlichen Instrumenten parodiert. Eine Musik, die alles Erreichbare in ihrem Synthesizer-Synkretismus verarbeitet, um immer noch grellere Effekte herauszuholen, hat ihre eigene Parodie schon mit eingebaut. Wenn dann die „Neue deutsche Tanzmusik“ mit „Ich lieb dich nicht, du liebst mich nicht, aha, aha – da da da“ das Brunftgeschrei der Rockröhren auch noch veralbert, kann man darin, wenn man alles nicht so eng sieht, eine recht gute Clownsnummer erspähen. Erstes Fazit: neuere Clowns – ob sie so heißen oder nicht – machen Neues. (Patsch! Aua! Ein riesiger Wasserstrahl ergießt sich aus so manchem getrübten Auge).
Auch der herkömmliche Clown hat auf die Pauke gehauen, war frech und in seinen Effekten durchaus handfest. Der „leise“ Clown ist schon eine Degenerationserscheinung. Innigkeit ist nicht angesagt, wo Ohrfeigen knallen und das Wasser aus der Hose plätschert. Nun ist es aber

so, daß unsere Welt jeden Tag lauter und ordinärer wird und uns mit Effekten konfrontiert, deren Durchschlagskraft nun wirklich keinen Wunsch mehr offen läßt. Um das zu bemerken, muß man nicht fern-, man kann auch nahsehen. Wäre der Clown das geblieben, was er war, dann wäre er in dieser Welt zu einer Oase der Stille geworden, nicht unbedingt das, was man sich unter einem Spaßmacher vorstellt.
Dazu kommt aber noch ein spezielles Problem. Wenn der Clown heute das Weiße im Auge seines Publikums sieht, dann bemerkt er viele Leute, die ihm ähnlich sein wollen. Er sieht Aufmachungen, Haarfarben, Kleider und Gesten (Punk ist da nur ein Stichwort), die ihn vielleicht sogar übertreffen möchten. Und er sieht dann noch die armen Menschen, die meinen, sich ausgerechnet in der Clownsuniform „befreien" oder „verwirklichen" zu sollen. Kranke Seelen flüchten da in einen Habitus, der härteste Übung und allerschärfste Präzision verlangt. Es gibt kein größeres Fest, auf dem nicht ein paar selbsternannte Clowns mit verschmierten Gesten und Amateur-Gehabe ihren Psychomüll loswerden sollen. Marcel Marceaus Epigonen haben Furchtbares angerichtet, allüberall bringen grauenhafte Dilettanten mit immer noch einem erblühenden Blümlein der Hoffnung die sich langweilenden Zuschauer zur Verzweiflung.
Von alledem muß sich ein Profi absetzen, wenn er Boden unter die Füße bekommen will. Stanley Ted Edwards ist ein Profi. Dabei ist er ungelernt. Seinen Namen „Jango" riefen ihm kleine Jungen nach, als er während der Semesterferien im Cowboy-Dress in Casablanca für zwei Marokkaner Uhren aus falschem Gold an Touristen verkaufte. Er stammt aus begütertem jüdischen Elternhaus in Detroit, wo er im Jahre 1951 auf die Welt kam. Später verkauft er in den Staaten zusammen mit seinem Bruder seinen Mitbürgern Kunstrasen. Jango, der wie alle Entertainer keinen Gag ausläßt, sagt, „ich war Gras-Dealer". Beim „Gras" ist er geblieben, er meidet Alkohol und Zigaretten. Man kann es auch so ausdrücken, von dem mit seinem Bruder betriebenen Joint Venture behielt er den Joint. Die beiden verdienten Geld wie die Irren. Das meiste hat er für Frauen ausgegeben. Manche Kunden wollten alle zwei Jahre einen neuen Rasen, da konnte er den vom Vorjahr wieder aufrollen und woanders neu verkaufen. Welcher Clown kann Gags erfinden, die einer solchen Realität noch einen draufsetzen! Allenfalls ein Jango Edwards.
Eines Tages hat er das Geldmachen und alles, was damit verbunden ist – Leistungswettbewerb, Demonstrativkonsum, diesen ganzen Materialismus, den wir immer als „American way of life" beschimpfen, weil

114, 115 Jango Edwards, der in Amsterdam sein „Festival of Fools", das größte Clowns-Meeting seit Menschengedenken, organisiert hat, stellt eine Mischung aus rasendem Reporter, Entertainer, Pantomimen und Parodisten dar.

er nichts anderes als unser eigener „way“ ist – gründlich satt. Vielleicht hat er auch nur gedacht, warum soll ich mich abrackern, um Geld für die Frauen zu verdienen, vielleicht kann ich statt dessen etwas machen, das mir die Frauen direkt zutreibt, ohne den Umweg über das Geld. Inzwischen zahlen sie sogar Eintritt. Und für Jango ist es jetzt „manchmal fast so, als hätte ich auf offener Bühne mit Tausenden von Leuten Geschlechtsverkehr“. Man hat das früher verharmlosend „die Liebe des Künstlers zu seinem Publikum“ genannt. Sie jagt ihn bis zu 354 Auftritten im Jahr. Manchmal spielt er auch umsonst. Der Grund hierfür ist nicht in jedem Fall Liebe.

In Hamburg zum Beispiel zog er einmal seine Show auf einem Autodach vor dem Schauspielhaus ab. Und das kam so: In der Veranstaltungsreihe „Theater der Nationen“ sollte Edwards für fünftausend Mark im Operettenhaus auftreten. Es gab dann aber weder Scheinwerfer noch Lautsprecher. Der Intendant Ivan Nagel versprach für den nächsten Abend Besserung. Nichts geschah. Der Clown brach die Show ab, ging nach draußen und spielte dort gratis. Am nächsten Abend warf man ihn aus dem Theater, da eines seiner Kostüme „unpassend“ gewesen sei. Am Abend zuvor hätte es statt dessen Geld gegeben. Hier hatte sich wohl mehr abgespielt als das Aufkommen einiger leicht auszuräumender Mißverständnisse. Das hoch subventionierte, feine deutsche Theater sah sich plötzlich mit seinen anarchistischen Ursprüngen konfrontiert und hat gekniffen. Auch Jango Edwards kneift in einer seiner Nummern etwas nach hinten weg. Aber da spielt er einen stark verblödeten Hare-Krishna-Säusler, den das Ding als Erinnerung an seine frühere Fleischlichkeit zu sehr stört.

Aber noch ist es nicht soweit. Zunächst einmal verläßt er seinen mittels Kunstrasen so gut gepolsterten Boden und geht in den Underground. 1974 taucht er zum ersten Mal bei den Hippies in San Francisco auf. Die waren ihm zu dröge. Er selbst sieht sich als Neo-Blumenkind. Das soll heißen, Peace and Love sind schon okay (vor allen Dingen Love), aber die sind nicht durch beduseltes Wegdämmen zu erreichen, sondern nur durch action. Glücklicherweise entspricht das auch sehr viel mehr seinem Temperament.

So hat er zum Beispiel Straßentheater gemacht gegen einen Abgeordneten, der nicht zulassen wollte, daß Männer und Frauen in den Wohnheimen der Universität zusammenleben. Mit wievielen er dabei auf offener Bühne verkehrte, ist unbekannt, immerhin wurde der Mann nicht mehr gewählt.

Im Einkommen schlagen sich solche Erfolge nicht nieder, ihm und

seiner Truppe ging es damals sehr schlecht. Geld gab es keines, weil sie keines verdienten. Gar nicht so einfach, die 50 Dollar Strafe aufzubringen, zu der er dann auch noch wegen Ladendiebstahls (aus Hunger) verdonnert wurde.
Von den Rezepten der Blumenkinder hat er immerhin soviel mitbekommen, daß er das Sich-selber-Kennenlernen als eine wichtige Methode ansieht, um den Menschen und die Welt zu erfahren. Man müsse wieder die Unschuld, Neugierde und Naivität seiner eigenen Jugendzeit zurückerobern. Das ist ihm offenbar gelungen, denn er trifft sehr gut die Tonlage seiner Zuschauer, die im Durchschnitt etwas jünger sind als er selbst. Aber auch die Menschenmassen, unter die sich der „workoholic“ (nach zwei Vorstellungen schreibt er noch Sketche und träumt danach auch noch davon) gern mischt, sind ihm „lauter Clowns“ – womit er sicherlich nicht so Unrecht hat.
Ihr Vorturner Edwards hält jetzt auch schon Workshops ab, die nach dem Muster der Gruppentherapie mit Aggressions- und anderen Spielen aufgezogen sind. Auch dies ein Produkt neuerer Zeit, in der man viel ungenierter als früher die psychischen Wurzeln künstlerischer Leistungen offenlegt und sich die Antriebe, die aus der lädierten Psyche kommen, zunutze zu machen sucht.
Auch in London, wohin er dann geht und als Straßen- und Circusclown arbeitet, wird er aktenkundig. Man verhaftet ihn, weil er im „Clownskostüm“ über den Trafalgar Square wandelte. Er läßt offen, was er unter einem „Clownskostüm“ versteht, wenn er diesen Vorfall berichtet. Vermutlich ist es eine Kleidung (vielleicht auch das völlige Fehlen derselben – es wäre nicht das erste Mal), welche ihrerseits manches offen läßt. Wenn schon die Clowns nicht mehr sind, was sie mal waren, warum sollen es dann ausgerechnet ihre Kostüme sein?
Bald ist er in Amsterdam, noch heute Zentrale seiner Unternehmungen (meist tingelnde Gruppen), zu denen auch eine GmbH in der Bundesrepublik gehört. Hier ist wirklich was los, insbesondere auf dem weiten Feld des experimentellen Theaters. Damit verglichen findet er New York „geradezu fad“. Noch tiefer als bisher taucht er hier ein in alle jugendlichen Subkulturen und ihre Ableger, und er macht daraus Programme, die so musikalisch sind wie die der Stones („negative Energie“ nennt er das, was sie ausstrahlen), so frech wie die Marx Brothers und so obszön wie die neueste Filmkomödie.
In Amsterdam organisierte er auch sein „Festival of Fools“, das größte Clowns-Meeting seit Menschengedenken. Und er sucht sich die Leute zusammen, so gegen fünfzig „Friends“, mit denen er seine „Roads-

how" aufmacht. Die produzieren unter anderem eine hervorragende Musik, während Jango die bis zu den Ohren mit Drogen vollgepumpten Helden der „scene" nachmacht. Dann kommt der Mann, der das viele Bier wieder loswerden muß und ein kleines Stück Heimaterde sucht, das ihn schützt und birgt und wo er seinem dumpfen Drang abhelfen kann. Er findet es, erleichtert bekommt seine Phantasie Flügel. Er träumt sich etwas zusammen von einer Riesengröße, die mit dem, was er da in der Hand hält, leider nichts zu tun hat. Schließlich fällt auch sein Traumgebilde zur Normalgröße zusammen, das Nullwachstum hat ihn wieder.

„Ich bewege mich immer an der Grenze zum guten Geschmack", sagt er, und alle seine Fans wissen, daß das eine kokette Untertreibung ist. Denn ihr Idol überschreitet diese Grenzen zwar gelegentlich in Richtung guter Geschmack, hält sich aber sonst erfreulicherweise die meiste Zeit diesseits auf, da nämlich, wo wir uns alle gemeinsam am liebsten versammeln, wenn es richtig Spaß machen soll.

Bevor Jango Edwards leichtfüßig in die nächste Nummer hüpft, verrät er uns noch schnell, daß er gern ein Fahrradsattel wäre (klar, wer wollte nicht dort sein, wo die wirkliche „action" läuft), spielt dann einen ganzen Western Saloon mit so viel Showdowns, wie Gläser auf der Theke stehen, trällert den Anfang eines harmlosen Liedchens, bei welchem er das Wort „kiss" durch ein sehr umgangssprachliches Wort für Geschlechtsverkehr ersetzt und bringt damit das vom Lied Gemeinte auf den Begriff, wird danach zu einem Pfarrer, der ein kleines Alkoholproblem hat und bei der Messe einen schrecklichen Rückfall erleidet, kurvt in einer atemberaubend kaputten Rollschuhnummer auf der Bühne herum. Dazwischen stellt er auch mal Jesus als Entertainer mit einem Schaumgummikreuz dar.

Da letzteres einer ganzen Welthäfte ans ideologisch Eingemachte geht, seien hierzu noch ein paar Worte gestattet. Eine Gesellschaft, welche eines ihrer Atom-U-Boote „Corpus Christi" nennt, sollte sich mal überlegen, was sie tut, bevor sie einem Anarcho-Clown, der ihre eigenen Monstrositäten nur ganz schwach widerspiegelt, das Schaumgummikreuz übelnimmt.

Es sei gar nicht bestritten, daß Edwards so etwas auch aus purer Lust an der Provokation macht, ohne Provokation gibt es ja heutzutage keine Aufmerksamkeit mehr. Sehr viel schlimmer als alle Provokationen ist aber die Tatsache, daß die Nummer des Clowns von vielen als eine stärkere Provokation empfunden wird denn der Name des Atom-U-Boots. Das ist, mit Verlaub, die größte Provokation, die sich da ein großer Teil des westlichen Christentums leistet. Bekanntlich hat Jesus ja auch mal was von Feindesliebe gesagt. Und er hat eine böse Prophezeiung riskiert, die aber in Wirklichkeit keine Prophezeiung, sondern heute schon fast ein Naturgesetz ist, als er sagte: Wer zum Schwert greift, wird durch das Schwert umkommen.

Jango Edwards ist der Entertainer unserer Zwischenkriegszeit. Er ist laut, grell, bösartig und kaputt, ein obszöner Knallfrosch. Er ist der „Otto" für Anspruchsvolle und zugleich auch für die simpleren Gemüter, ein richtiger Clown also. Besagter Otto hat übrigens 1979 in seiner Firma „Rüssl Räckords" die Platte „Jango Edwards + Friends Roadshow" herausgebracht. Das Talent des Clowns und seiner „Friends" reicht vermutlich leicht aus, um die Rillen zu füllen, aber seine Faxen und „Kostüme" sollte man schon gesehen haben, da sie den Spaß beträchtlich erhöhen.

Denn seine Shows sind perfekt im besten amerikanischen Stil. Da stimmt alles, Beleuchtung, „Kostüme", Musik und jede Geste. Kein Vergleich mit allzuvielen unserer sogenannten „Liedermacher", die das Timing durch großes schleimiges Wohlwollen und den rechten Glauben ersetzen. Der Witz liegt bei Edwards eben darin, daß die kleinen und großen sorgsam eingebauten Knaller alles sehr sorgfältig wieder zertrümmern. Denn nur wer das Metier beherrscht, kann sich darüber lustig machen. Die Botschaft mag anarchistisch sein und zu dem buschigen Schwanz passen, zu dem er seine Mähne zusammengebunden hat; die Mittel, mit welchen Jango Edwards seine Botschaft über die Rampe bringt, sind es ganz und gar nicht. Nur so kommen Botschaften rüber.

Edwards meint, daß die jungen Leute, also seine Zuschauer, unter Ohnmachtsgefühlen litten. Das war schon immer so, es hat sich nur in unserer (miserablen) verwalteten Welt verstärkt. Schon immer haben Zuschauer die Wenigen im Lichte der Scheinwerfer für sich selbst agieren lassen. Im Mißgeschick der tolpatschigen Clowns haben sie ihr eigenes Mißgeschick und ihre Lebensängste weggelacht, das ist nichts Neues. Die neuen Clowns – wie immer sie sich nennen – werden mehr und mehr zur Traum-Leitfigur der ganzen Gemeinde. Sie sagen (singen, schreien), was diese denkt, und tun, worüber die Gemeinde bloß redet.

Je höher die Mauern („The Wall"), je ausgefeilter die Arbeitsprogramme, je raffinierter die Personal-Computer und je mehr davon zusammengeschaltet sind und uns im Griff haben, desto anarchistischer werden unsere Träume, und desto wilder werden diejenigen, welche uns unsere eigenen Träume vorspielen. So gesehen ist Jango Edwards ein Ventil, und nur die dümmeren unserer Überwacher mögen ihn nicht. Die Cleveren wissen längst, was sie an ihm haben. Denn der Veralberer aller Gurus ist selber einer, bei dem die Gemeinde Dampf ablassen kann.

Seine Devise „Lachen macht frei zum Denken und Fühlen“ ist schon richtig. Das läuft aber auf den Kernsatz hinaus: „Lachen macht frei“. Und wenn man boshaft ist – ein boshafter Entertainer hat auch bei seinen Kritikern ein gewisses Anrecht auf Bosheit – kann man noch das Wörtchen „wieder“ anfügen. Dann heißt der Satz „Lachen macht wieder frei“ (für die Gemeinheiten und Beengtheiten des Alltags).

Nur mit einer gewissen Wehmut nimmt der so eingestimmte Zuschauer das ihm entgegengebrüllte „Clown Power“ auf. Zunächst hat es schon mal einen etwas modischen Beigeschmack, was bei einem so exzellenten Parodisten, der anderer Leute Sprüche so schön zerpflückt, ein wenig verwundert. Wieviel „Power“ hat der vorgespielte Anarchismus? Gewiß, er treibt Entwicklungen mit voran, mag mancherlei „Liberalisierungen“ plausibel machen. Aber er lebt von dem Reiz, den das prickelnde Gefühl bei der Tabuverletzung auslöst, und der mit dem Tabu dahinschwindet. Vielleicht hat er wirklich manchem Mut gemacht, seine Entscheidungen selbst zu treffen, sein eigenes Leben zu leben. Ich fürchte nur, es sind nicht die Starken, die Selbstbewußten, welche Jango Edwards zujubeln, sie amüsieren sich nur, werden aber nicht in seine Gemeinde eintreten. Allen aber – und damit seien diese, zugegeben, etwas miesepetrigen Erwägungen abgeschlossen – hat er mit seinem bösen Blick für alles Kaputte, seiner überschäumenden Phantasie, seiner großen Disziplin und seinem überragenden Können immer viel Spaß gemacht.

Und er wird wohl selber dabei auch einigen Spaß gehabt haben. Nicht nur mit den Tausenden, mit denen er auf offener Bühne tat, wovon schon des öfteren die Rede war. Sondern auch mit ein paar wenigeren danach. Vierzehn sollen es einmal in einer Nacht gewesen sein, kolportiert der SPIEGEL. Jango Edwards, wie immer ganz der verantwortungsvolle Künstler, der sich auch nicht die kleinste Ungenauigkeit durchgehen läßt, wehrt ab. „Erstunken und erlogen. Den Mann will ich sehen, der das bringt“. Auf die Frage, wie viele es denn nun wirklich waren, antwortet er.

„Dreizehn“.

Bildnachweis

Österreichisches Circus- und Clown-Museum, Wien: 1, 2, 3, 4, 5, 7, 8, 9, 10, 11, 12, 14, 15, 16, 17, 18, 19, 20, 23, 24, 25, 26, 27, 28, 33, 34, 48, 61, 62, 63.
Bildarchiv Preußischer Kulturbesitz, Berlin: 6, 21, 35, 36, 37, 38, 39, 40, 76, 84.
Ullstein-Bilderdienst, Berlin: 13, 22, 46, 64, 114, 115.
Deutsche Presse-Agentur, Bildbüro München: 75.
Deutsche Presse-Agentur, Farb-Archiv, Frankfurt/M.: 50, 59, 74, 86.
Comet, Zürich: 29, 30, 32, 78, 87, 93.
Keystone Pressedienst, Hamburg: 31, 41, 42, 60.
action press, Hamburg: 79, 80, 81, 82, 88, 89, 90, 91, 92.
Bilderdienst Süddeutscher Verlag, München: 47, 51, 52, 77.
Hipp-Foto, Berlin: 43.
Ringier Bilderdienst, Zürich: 41a, 85, 94.
Archiv Tino Zacchini, Darmstadt: 65, 66, 67, 68, 69, 70, 71, 72, 73.
H.-J. Gerke, Bremen: 95, 108.
Klinger & Lusznat, München 44, 45, 49, 53, 54, 55, 56, 57, 58, 111, 112, 113.
I.-E. Schmidt-Braul, Frankfurt: 96, 97, 98, 99, 100, 101, 102, 103, 104, 105, 106, 107, 108, 109, 110.
Weltwoche-Archiv, Zürich: 40a.